dúvidas em português nunca mais

Lexikon | *obras de referência*

CILENE DA CUNHA PEREIRA, EDILA VIANNA DA SILVA
& REGINA CÉLIA CABRAL ANGELIM

dúvidas em português nunca mais

4ª edição

© 2020, by Cilene da Cunha Pereira,
    Edila Vianna da Silva,
    Regina Célia Cabral Angelim

Direitos de edição da obra em língua portuguesa adquiridos pela Lexikon Editora Digital Ltda. Todos os direitos reservados. Nenhuma parte desta obra pode ser apropriada e estocada em sistema de banco de dados ou processo similar, em qualquer forma ou meio, seja eletrônico, de fotocópia, gravação etc., sem a permissão do detentor do copirraite.

Lexikon Editora Digital Ltda.
Rua Luís Câmara, 280 – Ramos
21031-175 Rio de Janeiro – RJ – Brasil
Tel.: (21) 2221 8740 / 2560 2601
www.lexikon.com.br – sac@lexikon.com.br

Veja também www.aulete.com.br – seu dicionário na internet

1ª edição – 2005
2ª edição – 2008
3ª edição – 2011
3ª edição - 2ª impressão – 2013

CIP-Brasil. Catalogação na Fonte
Sindicato Nacional dos Editores de Livros, RJ

P49d
4. ed.

Pereira, Cilene da Cunha
    Dúvidas em português nunca mais / Cilene da Cunha Pereira, Edila Vianna da Silva, Regina Célia Cabral Angelim. - 4. ed. - Rio de Janeiro: Lexikon, 2020.
    288 p.; 21 cm.

    Inclui índice
    Inclui gabarito
    ISBN 978-85-8300-122-5

    1. Língua portuguesa - Estudo e ensino. I. Silva, Edila Vianna da. II. Angelim, Regina Célia Cabral. III. Título.

20-62540   CDD: 469.8
                        CDU: 811.134.3

Sumário

Introdução à 3ª edição   7

Introdução à 1ª edição   9

Lista de abreviações   11

1. Grafia de palavras   13

2. Acentuação gráfica   32

3. Emprego do hífen   51

4. Emprego de iniciais maiúsculas   69

5. Divisão silábica do vocábulo   79

6. Gênero e número dos nomes   87

7. Pronomes   99

8. Conjugação de verbos   115

9. Emprego do modo imperativo   134

10. Concordância nominal e verbal   142

11. Conectivos: conjunção, preposição e pronome relativo   165

12. Regência nominal e verbal   185

13. Emprego do acento indicativo da crase   210

14. Adequação vocabular   219

15. Pontuação   247

Gabarito   263

Índice remissivo   273

INTRODUÇÃO À 3ª EDIÇÃO

Acontecimentos importantes no campo da língua portuguesa, bem como sugestões de leitores ocorreram, desde o lançamento de *Dúvidas em português nunca mais,* em 2005. O manual teve boa aceitação no mercado, e as autoras se veem compelidas a lançar uma nova edição, agora acrescida de exercícios, sempre com o objetivo de auxiliar o consulente interessado em aprimorar-se na língua materna.

De pronto, o Novo Acordo Ortográfico exigiu uma atualização, o que, só por si, levaria as autoras a reescreverem seu texto, tarefa que frequentemente implica reflexão nova sobre o que já foi feito. A reescritura do texto possibilitou acatar algumas sugestões, especialmente no que diz respeito ao acréscimo de exercícios de fixação. A nova edição deste livro será, sem dúvida, um importante instrumento de consulta para os usuários da língua portuguesa.

A crescente preocupação em atender aos consulentes demonstrou a necessidade de se acrescentar um capítulo sobre o emprego de maiúsculas. O livro apresenta-se agora com 15 capítulos: 1. Grafia de palavras; 2. Acentuação gráfica; 3. Emprego do hífen; 4. Emprego de iniciais maiúsculas; 5. Divisão silábica do vocábulo; 6. Gênero e número dos nomes; 7. Pronomes; 8. Conjugação de verbos; 9. Emprego do modo imperativo; 10. Concordância nominal e verbal; 11. Conectivos: conjunção, preposição e pronome relativo; 12. Regência nominal e verbal; 13. Emprego do acento indicativo da crase; 14. Adequação vocabular; 15. Pontuação.

As autoras esperam que esta nova edição tenha aceitação semelhante à anterior.

Rio de Janeiro, junho de 2011.

As autoras

INTRODUÇÃO À 1ª EDIÇÃO

Dúvidas em português nunca mais é um guia prático e direto para a solução de questões linguísticas. Não pretende ser um dicionário de dificuldades, nem uma gramática, mas um manual de esclarecimento às dúvidas que frequentemente angustiam o usuário da língua no ato da comunicação.

Como o objetivo primordial do ensino da Língua Portuguesa é criar condições para que o usuário possa desenvolver sua competência discursiva, na modalidade culta da língua, a preocupação que moveu suas autoras foi a de solucionar dificuldades que se lhe apresentem no seu dia a dia.

A prática profissional levou-as a identificar problemas e a idealizar um instrumento de consulta que, de modo rápido e eficiente, atendesse às necessidades dos usuários da língua portuguesa.

O livro estrutura-se em 14 capítulos:

— grafia, distribuída pelos capítulos 1 (EMPREGOS DE LETRAS), 2 (ACENTUAÇÃO GRÁFICA), 3 e 4 (EMPREGO DE HÍFEN e DIVISÃO SILÁBICA);

— flexão de nomes e verbos, agrupada nos capítulos 5 (GÊNERO E NÚMERO DOS NOMES), 6 (CONJUGAÇÃO DE VERBOS) e 7 (EMPREGO DO MODO IMPERATIVO);

— CONCORDÂNCIA NOMINAL E VERBAL, capítulo 8;

— nomes transitivos e a dificuldade de escolher a preposição adequada ao complemento desses nomes, bem como verbos transitivos e as variações de regência, reunidos no capítulo 9 (REGÊNCIA NOMINAL E VERBAL), a que seguem informações sobre a CRASE (capítulo 10), que complementam o assunto regência;

— EMPREGO DE SINAIS DE PONTUAÇÃO, especialmente da vírgula, no capítulo 11.

Preocupadas ainda com as condições necessárias à desenvoltura da competência discursiva do usuário, que rompe com a tradição normativa e filológica e enfatiza a linguística textual como ciência da estrutura e do funcionamento dos textos, as autoras acresceram ao livro três capítulos que complementam o assunto:

— ADEQUAÇÃO VOCABULAR, destacando sinonímia e paronímia (capítulo 12);

— CONECTIVOS (conjunção, preposição e pronome relativo), no capítulo 13; e

— PRONOMES, muito importantes no tratamento dos fenômenos da referência, capítulo 14.

Cada capítulo inicia-se com uma teorização generalizada do assunto. Segue o TIRA-DÚVIDAS, conjunto de perguntas formuladas com base nas dificuldades mais frequentes que acometem o usuário, com suas respectivas respostas. A necessidade de aprofundar alguns conhecimentos gerou a seção DICA PARA VOCÊ.

Integra o livro um GUIA REMISSIVO, pelo qual o usuário poderá chegar, mais rapidamente, à página com a solução da dúvida.

As autoras são doutoras em Língua Portuguesa pela Faculdade de Letras da UFRJ e ali lecionaram por muitos anos. Possuem larga experiência no ensino de português, nos níveis fundamental, médio e superior, bem como em trabalhos de produção e revisão de textos.

As autoras

LISTA DE ABREVIAÇÕES

1.ª , 2.ª , 3.ª	primeira, segunda e terceira
adj.	adjetivo
adv.	advérbio
advers.	adversativa
afirm.	afirmativo
art.	artigo
conj.	conjunção
coord.	coordenativa
def.	definido
dem.	demonstrativo
der.	derivado
f., fem.	feminino
fut.	futuro
imper.	imperativo
imperf.	imperfeito
ind.	indicativo
indcf.	indcfinido
inf.	infinitivo
interj.	interjeição
interrog.	interrogativo
loc.	locução
m.-q.-perf.	mais-que-perfeito
n.	número
num.	numeral
obl.	oblíquo
O.D.	objeto direto
p.	pessoa
perf.	perfeito
pess.	pessoal
pl.	plural
poss.	possessivo
pref.	prefixo
prep.	preposição
pres.	presente
pret.	pretérito
pron.	pronome
rel.	relativo
s.f.	substantivo feminino
sing.	singular
subj.	subjuntivo
subord.	subordinativa
subst.	substantivo
s.m.	substantivo masculino
v.	verbo

1. GRAFIA DE PALAVRAS

Em português, a escrita é, de certa forma, a representação da fala, embora, para escrever, não baste transcrever o que se escuta. Isso porque nem sempre há correspondência entre sons e letras. Veja, por exemplo, som representado por letras distintas e letra que representa sons diferentes:

Som /Z/ zero casa exame
Letra "X" xarope táxi máximo exato

Ortografia é a maneira correta de escrever. Cada palavra tem uma grafia única, e essa corresponde a uma forma padrão que não só representa os sons da fala, mas também reflete a história e a tradição cultural da palavra.

> *Saiba mais*
>
> Não se deve dizer ORTOGRAFIA CORRETA uma vez que *orto-* já significa *correto*. Muito menos se pode dizer *erro de ortografia*. Assim, diga-se *ortografia* (*grafia correta*), ou *grafia incorreta*.

Não há regras que deem conta da grafia de todas as palavras. Por isso é indispensável desenvolver o hábito de ler e escrever, pois é a memória visual que auxilia o usuário a escrever *hoje* com *h* e *ontem* sem *h*. É importante, no entanto, consultar dicionários e vocabulários ortográficos sempre que houver dúvidas. Apesar de não haver regras, há recursos que facilitam a escrita correta das palavras; é o que se verá a seguir.

> *Saiba mais*
>
> Com o Acordo Ortográfico de 1990, que entrou em vigor em 2009, o alfabeto da língua portuguesa consta de 26 letras, uma vez que foram incorporadas oficialmente as letras *k*, *w* e *y*.

Algumas correspondências gráficas
S ou Z?

As palavras derivadas seguem a grafia das primitivas:
cortesia, cortesão, cortesania < cortês;
pesquisar, pesquisador < pesquisa;
cozinha, cozido, cozedura < cozer;
mesinha, mesão < mesa;
embelezar, embelezamento < beleza.

As flexões dos verbos e nomes mantêm o s ou o z das formas básicas:
fazia, fiz < fazer;
analisamos, analisarei < analisar.

Escrevem-se com s

▶ substantivo e adjetivo pátrio derivados de substantivo:
paranaense < Paraná; português, portuguesa < Portugal;

▶ substantivo que designa profissão ou título de nobreza e dignidades:
poetisa<poeta; princesa < príncipe; consulesa < cônsul;

▶ formas dos verbos *pôr* e *querer* e derivados:
pus, pusesse < pôr; dispus, dispusera < dispor;
quis, quisesse < querer; malquis, malquisesse<malquerer.

▶ adjetivo em *-oso*:
gostoso, bondoso, caloroso, fervoroso, prazeroso.

Escrevem-se com z:

▶ adjetivo primitivo, quando o substantivo da mesma família apresenta a sílaba *ci*:
audaz < audácia; capaz < capacidade;

▶ substantivo derivado de adjetivo:
beleza < belo; avareza < avaro;

▶ diminutivo e aumentativo de substantivo que não possui *s* na última sílaba:
   mãezinha, mãezona < mãe.

> **Saiba mais**
>
> ▶ É bom lembrar que o *s* permanece nas terminações de diminutivo e de aumentativo, quando o substantivo possui essa letra na última sílaba:
>   mesinha, mesão < mesa.
> ▶ *Joãosinho Trinta*, o famoso carnavalesco, deveria grafar seu nome com *z*, já que os nomes próprios devem seguir as normas ortográficas dos nomes comuns. No entanto concede-se aos nomes próprios romperem com as regras e manterem a grafia conforme consta do registro de nascimento. Assim: *Luís/Luiz; Marli/Marly; Vítor/Victor; Elisabete/ Elizabeth*.

▶ a terminação *-izar* de verbo quando derivado de palavra que não apresenta *-s* na última sílaba do radical:
   realizar < real; amenizar < ameno; informatizar < informática.

> **Saiba mais**
>
> ▶ O infinitivo dos verbos derivados de palavras que apresentam *s* na última sílaba segue a regra geral, isto é, escreve-se com *s*: *-isar*:
>   analisar < análise; avisar < aviso; paralisar < paralisia; pesquisar < pesquisa.
> ▶ No entanto *catequese* é com *s* e *catequizar* é com *z* (=*catequ* + *izar*), porque o *s* de *catequese* não é do radical, mas da terminação *-ese* de substantivo.

▶ substantivo em *-triz*:
   atriz, embaixatriz, bissetriz, imperatriz, matriz, Beatriz.

-ÇÃO, -SÃO, -SSÃO?

Quando os substantivos derivados de verbo terminam em -ão, a consoante que precede o -ão pode ser ç, s ou ss, conforme a sílaba final do infinitivo do verbo de que derivam. Assim:

Escrevem-se com ç (-ção)

- substantivos derivados de verbos da 1ª conjugação:
    armação <armar; capitulação <capitular; comprovação <comprovar; dação <dar; degustação <degustar; demonstração <demonstrar; doação <doar; facilitação <facilitar; indagação < indagar; salvação < salvar; exceção <excetuar.

Saiba mais

Não se esqueça de que *exceção* é com ç e *excesso* é com ss, porque as palavras têm origem e base significativa distintas.

- substantivos da família de verbos em -gir, -guir e -quirir:
    ação < agir, reação <reagir; arguição <arguir, perseguição < perseguir; adquirição e aquisição < adquirir.

- substantivos da família dos verbos *pôr, ter, torcer* :
    aposição < apor; deposição < depor; abstenção < abster; manutenção < manter; contorção <contorcer; torção < torcer.

- substantivo da família de verbos em -uir, -nir:
    instrução <instruir; punição < punir.

Escrevem-se com s (-são)

- substantivos derivados de verbos em -nd-, -rg-, -rt- , -ult-:
    distensão <distender; imersão <imergir; diversão <divertir; avulsão <avultar.

- substantivos derivados de verbos em -pelir :
    compulsão <compelir; expulsão < expelir.

- substantivos derivados de verbos em -*dir*:
    elisão < elidir; evasão < evadir; persuasão < persuadir.

- substantivos derivados de verbos terminados em -*ender*, -*erter* e -*pelir*:
    ascensão < ascender; repreensão < repreender; conversão < converter; subversão < subverter; repulsão < repelir.

Escrevem-se com *ss* (-*ssão*)

- substantivos derivados de verbos em -*ced*-, -*gred*-, -*met*-, -*mit*-, -*prim*-:
    cessão < ceder; concessão < conceder; agressão < agredir; progressão < progredir; intromissão < intrometer; remissão < remeter; admissão < admitir; transmissão < transmitir; impressão < imprimir; repressão < reprimir.

> *Saiba mais*
>
> Esse jogo de correlação (infinitivo ⇔ substantivo) pode ser útil em caso de dúvida. Por exemplo:
> *progressão* ou *progreção*?
> O infinitivo correlato é progredir. Ora, se você conhece a correlação agressão < agredir (associação -gred- ⇔ -gress-), pode depreender que *progressão* será com *ss*.

X ou *CH*?

Usa-se *x*

- depois de *ditongo* ou de *en*-:
    caixa, peixe, trouxa; enxada, enxaqueca, enxuto.

> *Saiba mais*
>
> - No entanto *encher, encharcar, enchumaçar* se escrevem com *ch* porque derivam de *cheio, charco* e *chumaço*.
> - *Recauchutar* mantém o *ch* da grafia francesa *recaoutchoutier*.

▶ em palavras de origem africana, indígena e as inglesas aportuguesadas:
>
> xingar, axé, xará; xaxim, xereta; xampu, xerife.

Usa-se *ch*

O emprego correto do *ch* depende do conhecimento da origem da palavra, como se depreende de *chama* (do latim *flama*); *chave* (do latim *clave*); *chuva* (do latim *pluvia*). Isso porque uma evolução de consoante + *l*, do latim, foi *ch*. Quando surgir a dúvida, a melhor solução será consultar um dicionário ou vocabulário ortográfico.

G ou J?

Escrevem-se com *g*

▶ os substantivos terminados em *-agem, -igem, -ugem*, exceção feita a *pajem* e *lambujem*:
> coragem, viagem; fuligem, vertigem; ferrugem, penugem.

▶ os terminados em *-ágio, -égio, -ígio, -ógio, -úgio*:
> pedágio; colégio; prestígio; relógio; refúgio.

Escrevem-se com *j*

▶ palavras de origem tupi, africana e árabe:
> jiboia, pajé; canjica, caçanje; alfange, alforje.

▶ formas de verbos terminadas em *-jar*:
> despejo <despejar; viajem (pres. subj.) <viajar.

▶ palavras derivadas de outras que já possuem *j*:
> nojento < nojo; granjeiro < granja.

Escrevem-se com h

▶ o início de palavras por força da etimologia ou da tradição escrita:
> hábito, harmonia, hebreu, herança, hotel, hospital, hora, hoje;

▶ os derivados das palavras acima citadas, escritos com hífen:
> pré-histórico, anti-higiênico, super-homem, sub-humano;

- interjeições:
    ah!, ih!, oh!, hein! (hem!);

- os dígrafos *ch*, *lh* e *nh*:
    chave, telha, lenha.

> **Saiba mais**
>
> Palavras derivadas por prefixação de outras com *h* inicial, perdem o *h* quando o prefixo é *co-*, *des-*, *in-* ou *re-*:
>   coerdeiro, desumano, inábil, reaver.

E ou *I*?

- em geral, o uso é determinado pela etimologia.

Usa-se *e*

- na sílaba pretônica de substantivos e de adjetivos derivados de substantivos terminados em *-eio* e *-eia*:
    arreado < arreio; aldeão < aldeia; areal < areia; coreano < Coreia;

- em formas verbais terminadas em *-oar* e *-uar*:
    perdoem < perdoar; continue < continuar.

Usa-se *i*

- na sílaba pretônica de adjetivos formados com os sufixos *-ano* e *-ense* e derivados de substantivos monossilábicos (Freud) ou de substantivos oxítonos (Paris):
    freudiano < Freud ; parisiense < Paris;

> **Saiba mais**
>
> Quando o substantivo primitivo não é oxítono, mesmo quando ocorre *e* na última sílaba, usa-se *i*: acriano, chadiano, sartriano.

> em formas verbais terminadas em -*air*, -*oer* e -*uir*:
> atrai < atrair; dói < doer; distribui < distribuir.

Tira-dúvidas

1. *A fim de* ou *afim de*?

A forma correta é a primeira. A locução prepositiva é composta de três vocábulos:
> Aquele banco criou uma gerência especial *a fim de* atender os artesãos da comunidade. (*a fim de* = *para*)

> **Saiba mais**
>
> *Afim* no sentido de *com afinidades* é usado para pessoas:
> Os noivos alugaram um hotel para hospedar parentes e *afins*.

2. *Abalizado* ou *abalisado*?

A forma correta é com *z*, porque é derivado de *baliza*:
> Reporto-me, sempre, ao testemunho *abalizado* das autoridades.

3. *Aborígine* ou *aborígene*?

As duas formas são corretas e significam os primitivos habitantes de um país, o mesmo que *autóctone*, *indígena*, *nativo*.

4. *Alocução* ou *breve alocução*?

A forma correta é a primeira, porque toda alocução é breve, significa discurso curto, de poucas palavras:
> O diretor fez uma bela *alocução* para saudar os alunos novos.

5. *Alto-falante* ou *auto-falante*?

A forma correta é *alto-falante*, porque se refere a um aparelho que amplifica o som:

O torcedor, furioso com a derrota do seu time, quebrou o *alto-falante* do carro durante a transmissão do jogo.

6. *Antártida* ou *Antártica*?

As duas formas são corretas; é o nome dado ao continente localizado em volta do Polo Sul.

7. *Arteriosclerose* ou *arterisclerose* ou *arterosclerose*?

A forma correta é a primeira e significa *esclerose* ou *endurecimento das artérias*:
>Os idosos são vulneráveis à *arteriosclerose*.

8. *Auscultar* ou *oscultar*?

A forma correta é a primeira e nomeia o escutar os ruídos internos do organismo:
>O médico *auscultou* o doente que estava com muita tosse.

9. *Asterisco* ou *asterístico*?

A forma correta é a primeira e nomeia o sinal gráfico em forma de estrela (*), usado para destaques vários.

10. *Babador* ou *babadouro*?

As duas formas são aceitas. A primeira é a mais corrente, e a segunda a mais formal:
>Colocou o *babador* (babadouro) na criança para ela não sujar a roupa.

11. *Basculante* ou *vasculante*?

A forma correta é a primeira:
>Como o *basculante* estava aberto, a chuva inundou a cozinha.

12. *Bem-vindo* ou *benvindo*?

A forma correta é *bem-vindo,* que significa *bem recebido*:
>Você será sempre *bem-vinda* aqui.

13. *Beneficente* ou *beneficiente*?

A forma correta é a primeira:
> Este espetáculo é *beneficente*, ele se destina a ajudar crianças abandonadas.

14. *Braguilha* ou *barriguilha*?

A forma correta é a primeira:
> A *braguilha* da calça estava precisando de conserto.

15. *Brócolos* ou *brócolis*?

As duas são corretas e, no Brasil, a segunda é a mais usual:
> Refogou os *brócolis* (brócolos) para acompanhar o peixe.

16. *Cabeleireiro* ou *cabelereiro*?

A forma correta é a primeira:
> Este *cabeleireiro* especializou-se no exterior.

17. *Câimbra* ou *cãibra*?

As duas formas estão corretas; câimbra é variante de cãibra:
> A *cãibra* (câimbra) deixou-o com a perna dolorida todo o dia.

18. *Caminhoneiro* ou *camioneiro*?

A forma correta é a primeira:
> Os *caminhoneiros* com seus possantes caminhões cortam o Brasil de Norte a Sul.

19. *Caramanchão* ou *carramanchão*?

A forma correta é a primeira:
> Antigamente, os jovens namorados se encontravam embaixo dos *caramanchões*.

20. *Cerzir* ou *cirzir*?

A forma correta é *cerzir*:
> Era costume antigo a mulher *cerzir* as meias do marido.

> **Saiba mais**
>
> O verbo *cerzir* segue o modelo de conjugação de *agredir*, *prevenir*, *progredir*: trocam o *e* em *i* na 1ª, 2ª e 3ª p. sing. e 3ª p. pl. do pres. ind., em todo presente do subjuntivo e nas formas correspondentes do imperativo:
> *cirzo, cirzes, cirze, cerzimos, cerzis, cirzem.*

21. *Cesariana* ou *cesareana*?

A forma correta é a primeira:
Nasceu de operação *cesariana*.

> **Saiba mais**
>
> Na linguagem coloquial é frequente o emprego da forma *cesárea*, que deve ser evitada no padrão formal.

22. *Companhia* ou *compania*?

A forma correta é a primeira:
Minha amiga virá jantar em *companhia* do marido.

23. *Cortesia* ou *cortezia*?

A forma correta é *cortesia* porque deriva de *cortês*. Sempre é bom lembrar que as palavras derivadas seguem a grafia das primitivas:
cortês > cortesia, cortesão, cortesania;
cozer > cozinha, cozido, cozedura;
cosedor > coser (costurar).

24. *Cota* ou *quota*?

As duas formas são corretas e significam *quinhão, porção, parcela*. A primeira é de uso mais frequente:
O IPTU pode ser pago em *cotas*.

25. *Cotidiano* ou *quotidiano*?

As duas formas são corretas e a primeira é a mais usual:
>Nas grandes cidades, o engarrafamento é *cotidiano*.

26. *De repente* ou *derrepente*?

A forma correta é a primeira. A locução adverbial se escreve em duas palavras, ao contrário de *depressa*:
>*De repente* os atores entraram em cena.

27. *Descarrilar* ou *descarrilhar*?

A forma correta é *descarrilar* que significa sair dos trilhos do carril:
>O *descarrilamento* do trem provocou muitas mortes.

28. *Embaixo* ou *em baixo*?

A forma correta é *embaixo*:
>Ela não está aqui, está lá *embaixo*.

29. *Em cima de* ou *encima de*?

A forma correta é *em cima de*:
>Pôs o prato *em cima d*a mesa.

Saiba mais

Não confundir com *encima* do verbo *encimar*, que significa "estar situado acima de":
>Uma escultura em gesso *encima* a coluna.

30. *Empecilho* ou *impecilho*?

A forma correta é *empecilho*.
>A gripe não foi um *empecilho* para sair de casa.

31. *Encapuzado* ou *encapuçado*?

A forma correta é a *encapuzado*, derivado de *capuz*:
> Um sujeito *encapuzado* corria pela rua e assustava os passantes.

32. *Enxaqueca* ou *enchaqueca*?

A forma correta é *enxaqueca*, porque, depois de *en-* ou de ditongo, usa-se *x*:
> enxaqueca, enxada, enxuto; caixa, peixe, trouxa.

> **Saiba mais**
>
> - Palavras com *ch* depois de *en-* explicam-se por
>   – derivação: *encharcar* (< charco); enchimento (< encher), enchoçar (< choça);
>   – origem latina de "consoante + *l*": encher (*implere*);
>   – variação dentro da língua: enchova (anchova).

33. *Espontaneidade* ou *espontaniedade*?

A forma correta é a primeira, porque é derivada de *espontâneo*, assim como *simultaneidade* (de *simultâneo*), *idoneidade* (de *idôneo*):
> Agia com *espontaneidade*, sem afetações ou fingimentos.

34. *Estupro* ou *estrupo*?

A forma correta é a primeira.
> Os crimes cometidos foram *estupro* e homicídio.

35. *Fizesse* ou *fisesse*?

A forma correta é *fizesse*, porque sempre que o radical do infinitivo terminar em *z* (*faz*+er), essa letra se mantém nas diferentes formas verbais:
> Fizesse <fazer; traz <trazer; dizemos <dizer.

36. *Gozo* ou *goso*?

A forma correta é *gozo*; a grafia com *z* se deve à origem da palavra, assim como *gozação, gozado, gozador, gozar*:
    A tesoureira está no *gozo* de suas férias.

> **Saiba mais**
> Não confundir com a terminação *-oso*, de adjetivos:
>   gostoso, formoso, honroso, estudioso, rendoso.

37. *Ginecologista* ou *ginicologista* ou *genicologista*?

A forma correta é *ginecologista*.
    As mulheres devem consultar o(a) *ginecologista* anualmente.

38. *Guisado* ou *guizado*?

A forma correta é *guisado*:
    Comi um delicioso *guisado* de carne com cenoura e vagem no domingo.

39. *Humilde* ou *umilde*?

A forma correta é *humilde,* assim como *humildade, humilhação, humilhado, humilhar*:
    As casas sertanejas são *humildes*.

40. *Infarto* ou *infarte*?

A forma correta é *infarto*, ou *enfarte*, ou enfarto, mas não *infarte*:
    A vizinha morreu de *infarto*.

41. *Informatizar* ou *informatisar*?

A forma correta é *informatizar*, derivada de *informática,* palavra que não apresenta *-s* na última sílaba:
    informatizar < informática; realizar < real; amenizar < ameno.

> **Saiba mais**
>
> Para evitar encontro de duas vogais ou de duas consoantes, usam-se respectivamente as chamadas consoante de ligação ou vogal de ligação:
> robô + izar= robotizar (t);
> gás + metro = gasômetro (o).

42. *Irascível* ou *irrascível*?

A forma correta é *irascível*, derivada de *ira*:
> O acúmulo de problemas transformou-o em uma pessoa *irascível*.

43. *Lazer* ou *laser*?

A forma correta é *lazer*, no sentido de *divertimento*, *distração*:
> Os prédios novos costumam ter uma excelente área de *lazer*.

> **Saiba mais**
>
> *Laser*, palavra de origem inglesa, que se pronuncia [lêyzer], significa "dispositivo que emite radiação monocromática intensa e concentrada, altamente controlável, e que tem inúmeras aplicações na indústria, na engenharia e na medicina".

44. *Osteoporose* ou *ostoporose*?

A forma correta é *osteoporose* que significa *desgaste dos ossos*:
> A fratura do fêmur foi consequência da *osteoporose*.

45. *Parêntese* ou *parêntesis*?

As duas formas estão corretas (são variantes gráficas):
> Vamos agora abrir um *parêntese* (ou *parêntesis*) para explicar o uso dos *parênteses* (ou *parêntesis*).

46. *Percentagem* ou *porcentagem*?

As duas formas estão corretas:
> Esperamos receber a *percentagem* (ou *porcentagem*) combinada.

47. *Por isso* ou *porisso*?

Só existe a primeira forma:
> Ela estudou muito; *por isso* foi bem classificada.

48. *Possui* ou *possue*?

A forma correta é a primeira. A 3.ª p. sing. do pres. ind. dos verbos terminados em *-uir* e *-air* grafa-se com *i*:
> possui, flui, retribui, substitui; atrai, distrai, sai.

> **Saiba mais**
>
> Não confundir *acentue* e *continue* (p. subj. da 1ª conj.) com *possui* e *substitui* (pres. ind. da 3ª conj.)

49. *Quis* ou *quiz*? *Pusera* ou *puzera*?

As formas corretas são, respectivamente, *quis* e *pusera* porque se escrevem com *s* as formas verbais cujo infinitivo não possui *z*:
> quis (<querer); pus, pusera (<pôr); repusesse (<repor).

50. *Umidade* ou *humidade*?

A forma correta é *umidade*, assim como *úmido* e *umedecer*, palavras da mesma família:
> A *umidade* do ar, em Brasília, nos meses de agosto e setembro, é muito baixa.

Exercícios (gabarito no final do livro)

1. Marque a alternativa em que todas as palavras estão corretamente grafadas:
   a) harém, hidráulico, hombro, hangar, hemograma.
   b) hebreu, harpa, herói, hiato, hiena.
   c) hematoma, herdar, herva, histeria, hema.
   d) húmido, hidra, homem, hipopótamo, hexágono.
   e) hercúleo, herbário, heliponto, heureca, hontem.

2. Assinale a série em que todas as palavras estão grafadas corretamente:

   a) invalidez – grandeza – cicatriz – deslizante.
   b) estupides – espertesa – escassez – invalidez.
   c) cicatrisar – claresa – honradez – deslizar.
   d) canalizar – sacerdotiza – singeliza – paralizado.
   e) pezada – poetiza – quisesse – maizena.

3. Das opções abaixo, somente uma está totalmente correta. Assinale-a.

   a) finalizar, pesquisar, analisar, improvisar.
   b) quizer, realizar, vazar, desprezar.
   c) canalisar, casar, azedar, revezar.
   d) atrasar, fazer, paralizar, amenizar.
   e) informatizar, catequisar, predizer, satisfazer.

4. Dos substantivos derivados de verbos, arrolados abaixo, marque a alternativa na qual todos os termos estão grafados corretamente:

   a) lembrança, vingança, agressor, ascensor.
   b) tolerância, descrença, doação, punissão.
   c) anuência, concorrência, compulção.
   d) nomeação, traição, contorsão, aquisição.
   e) evasão, expulsão, excessão, extensão.

5. Marque a alternativa que apresenta a grafia INCORRETA da palavra:

   a) cesareana.
   b) cabeleireiro.
   c) câimbra.
   d) meteorologia.
   e) mendigo.

6. A palavra *pechincha* é grafada com CH; a alternativa em que todos os vocábulos deveriam conter essas letras é

   a) enxada, xícara, xadrez.
   b) faxina, rouxinol, xaveiro.
   c) xaleira, xapéu, xácara.
   d) gueixa, xuxu, pixe.
   e) graxa, xinês, laxante.

7. Os vocábulos *degustação, salvação, exceção* são grafados com ç; a alternativa a seguir que apresenta um vocábulo INCORRETAMENTE grafado quanto ao uso dessa letra é

   a) armação – hesitação – comprovação.
   b) indagação – salvação – humilhação.
   c) reação – traição – demição.
   d) dentuça – louça – mulçumano.
   e) doação – açafrão – ricaço.

8. Examinando as palavras *vertijem, refúgio, persuasão, compulção*

   a) apenas uma está escrita corretamente.
   b) apenas duas estão escritas corretamente.
   c) três estão escritas corretamente.
   d) todas estão escritas corretamente.
   e) nenhuma está escrita corretamente.

9. Assinale a alternativa em que todas as palavras estão escritas corretamente:

   a) cortume, entopir, pirolito.
   b) buteco, curtiça, freiar.
   c) umbigo, creolina, acriano.

d) arreio, distribui, pontui.
e) possue, distribue, retribui.

10. Aponte a alternativa INCORRETA:

    a) gorjeta, laranjal, manjedoura.
    b) estranjeiro, jingado, dijestão.
    c) gergelim, sugestão, geringonça.
    d) majestoso, jenipapo, gengiva.
    e) enxergar, nojento, jegue.

11. Assinale a alternativa em que todas as palavras sejam completadas com x:

    a) fai__a, pei__e, encai__e.
    b) recau__utagem, me__er, me__erica.
    c) en__er, me__icano, en__ada.
    d) __umbo, __ave, __ampu.
    e) en__arcar, __uva, __arope.

12. *Preencha as lacunas com s, ss, c, ç, sc, sç, xc, x:*

    a) re__arcido, re__ecamento.
    b) re__endia, a__eite.
    c) e__entricidade, e__eder.
    d) absten__ão, Nova Igua__u.
    e) e__ato, e__ercício.

13. Complete as lacunas com *e* ou *i*:

    a) ant__diluviano, ant__ontem, cad__ado.
    b) camon__ano, cr__olina, __mpecilho.
    c) __ndireitar, açor__ano, cesar__ana
    d) lamp__ão, inc__nerar, p__riquito
    e) prev__nir, rep__tir, __risipela

2. ACENTUAÇÃO GRÁFICA

Acento gráfico é o sinal que se coloca sobre vogais tônicas de alguns vocábulos. Este capítulo apresenta as regras básicas a serem observadas e esclarece as dúvidas mais frequentes quanto ao emprego da acentuação gráfica.

São acentuados

A) PROPAROXÍTONOS **(todos):**

>   exército, Petrópolis, lâmpada.

B) PAROXÍTONOS terminados em

> ▶ *-i (s), -us, -um, -uns*:
>   júri, tênis, bônus, álbum, álbuns.

Saiba mais

Não se acentuam graficamente os prefixos paroxítonos terminados em *-i*:
>   semi-histórico, anti-hemorrágico.

> ▶ *-l, -n, -r, -x, -ps*:
>   útil, hífen, éter, tórax, fórceps.

Saiba mais

Não se acentuam graficamente os prefixos paroxítonos terminados em *-r*:
>   inter-helênico, super-homem.

- *-ei(s), -ã(s), -ão(s):*
  jóquei, túneis, órfã(s), órgão(s).

- ditongo crescente seguido ou não de *-s*:
  exercício(s), agrária(s), série(s), área(s), árduo(s).

C) OXÍTONOS terminados em

- *-a, -e, -o*, seguidos ou não de *-s*:
  cajá, aliás, café, inglês, cipó, ioiô, propôs.

- formas verbais terminadas em *-a, -e* ou *-o* conjugadas com os pronomes clíticos *lo(s)* ou *la(s)*, após a supressão das consoantes *-r, -s* ou *-z*:
  habitá-la (de habitar-a), adorá-los (de adorás-os), fá-lo (de faz-o), fazê-las (de fazer-as), repô-la (de repor-a).

- ditongo nasal, grafado *-em (-ens)*:
  além, harém, também, parabéns, convéns.

> **Saiba mais**
>
> - Acentua-se com circunflexo a 3ª p. pl. pres. ind. dos verbos *ter* e *vir* e seus derivados:
>   têm, retêm sustêm; vêm, advêm, provêm.
> - Pelo Novo Acordo Ortográfico não se acentuam o *-i-* e o *-u-* tônicos das palavras paroxítonas precedidas de ditongo decrescente:
>   cauila, cauira; baiuca, feiura.

D) MONOSSÍLABOS tônicos terminados em

- *-a, -e, -o*, seguidos ou não de *-s*:
  pá, pás; pé, pés; pó, sós.

E) DITONGOS decrescentes abertos *éi, éu* e *ói*, seguidos ou não de *-s*, em palavras oxítonas e em monossílabos tônicos:
  papéis, céu(s), chapéu(s), herói(s).
Não se acentuam, entretanto, os ditongos decrescentes fechados *ei, eu* e *oi*:
  lei, feia, ateu, europeu, boi, apoio.

> **Saiba mais**
>
> Com o Novo Acordo Ortográfico, os ditongos abertos *ei* e *oi* de palavras paroxítonas não são acentuados:
> ideia(s), geleia, boia, jiboia.
> Fazem exceção paroxítonas em -*r*, cuja sílaba tônica apresente esses ditongos:
> blêizer, Méier; destróier.
> A regra é válida apenas para as palavras paroxítonas. Assim, continuam acentuadas as palavras monossílabas tônicas, as oxítonas terminadas em *éis*, *éu*, *éus*, *ói*, *óis* e as paroxítonas terminadas em ditongo crescente -*eo*:
> papéis, céus, herói, heróis, troféu, troféus, chapéu, chapéus, anéis, dói, anzóis, paióis; adenóideo, ofióideo.

F) HIATOS

- a segunda vogal tônica *i* ou *u* dos hiatos, seguida ou não de *s*:
aí, caíra, egoísta, Guaíba, baú, saúde, balaústre.

> **Saiba mais**
>
> - Não se acentua a vogal *i* dos hiatos quando seguida de *l*, *m*, *n*, *r*, *z* – na mesma sílaba –, ou de *nh* na sílaba seguinte:
> adail, ruim, contribuinte, retribuirdes, juiz, bainha.
> - Também não se acentuam graficamente a base dos ditongos tônicos *iu* e *ui* quando precedido de vogal:
> atraiu, contribuiu, pauis.
> - Com o Novo Acordo Ortográfico, as palavras com o hiato *oo*, seguido ou não de -*s*, em palavras paroxítonas, perderam o acento:
> abençoo, enjoo, voo(s), perdoo.
> - Aboliu-se também o acento circunflexo nas formas verbais *creem*, *deem*, *leem*, *veem* e em seus derivados *descreem*, *desdeem*, *releem*, *reveem*.
> - Aboliu-se ainda o acento no *u* tônico (nas formas rizotônicas de verbos) precedidos de *g* ou *q* e seguido de *e* ou *i*:
> argui, averigue, averigues, oblique, obliques.

G) ACENTO DIFERENCIAL

O Novo Acordo Ortográfico mantém o acento diferencial em

▶ *pôde* (3ª p. sing. pret. perf. ind. de *poder*) para se distinguir de *pode* (3ª p. sing. pres. ind.).

▶ *pôr* (verbo) para distingui-lo de *por* (preposição).

▶ É facultativo no substantivo *fôrma* (*fôrma* de bolo) para se distinguir do substantivo *forma* (a *forma* do triângulo) ou da 3ª p. sing. pres. ind. ou 2ª p. do sing. do imper. afirm. do verbo *formar* (*Forma* os teus conceitos sem partidarismo).

Tira-dúvidas

1. *Acróbata* ou *acrobata*?

As duas formas são corretas.

2. *Águam* ou *aguam*?

As duas formas são corretas. A sílaba tônica pode recair no primeiro a- (*águam*) ou no -u- (*aguam*). Só leva acento gráfico no primeiro caso, por analogia com o substantivo *água*. Pela mesma razão acentuam-se os derivados *enxáguam*, *deságuam*, *apazíguam* .

3. *Apoio* ou *apóio*?

A forma correta é a primeira e vale para os dois sentidos:

▶ apoio (subst.):
   Este questionamento não tem *apoio* legal.

▶ apoio (1ª p. sing. pres. ind. de *apoiar*):
   Eu não disse que *apoio* as últimas medidas do governo.

4. *Argui* ou *argúi*?

A forma correta é *argui* (3ª p. sing. pres. ind.):
O professor *argui* os alunos aos sábados.

> **Saiba mais**
>
> ▶ Há uma oposição entre a 3ª p. sing. pres. ind. (argui) e 1ª p. sing. pret. perf. ind. (arguí):
> A professora *argui* o aluno neste momento. /ar - *gui*/ (intensidade na pronúncia do "u", vogal do ditongo decrescente)
> *Arguí* os candidatos ao concurso ontem. (intensidade na pronúncia do "i", segunda vogal do hiato)

5. *Arquétipo* ou *arquetipo*?

A forma correta é a primeira, porque a palavra é proparoxítona e não paroxítona.

6. *As* ou *ás*?

Existem as duas formas:

▶ as (art. def. fem. ou pron. pess. obl.):
As jogadoras emocionaram-se com o troféu.
Eu *as* encontrei no campo.

▶ ás (substantivo) = pessoa exímia em determinada atividade; carta de baralho:
Ayrton Senna foi o *ás* brasileiro da Fórmula 1.
A carta sorteada foi um *ás* de copas.

> **Saiba mais**
>
> Os artigos definidos e alguns pronomes oblíquos não são acentuados por serem monossílabos átonos; só os tônicos recebem acento gráfico.

7. *Assembleia* ou *assembléia*?

A forma correta é *assembleia*, porque não são mais acentuados os ditongos *ei* e *oi* de timbre aberto das palavras paroxítonas: *ideia, colmeia, boia, heroico*.

8. *Avaro* ou *ávaro*?

A forma correta é *avaro*, porque se trata de paroxítona terminada em -*o*.

9. *Bíceps* ou *biceps*?

A forma correta é *bíceps*, porque os paroxítonos terminados em -*ps* são acentuados:
> bíceps, tríceps, fórceps.

10. *Cáqui* ou *caqui*?

Existem as duas formas:

▶ cáqui = cor:
> Vestiu uma calça *cáqui* para ir à festa.

▶ caqui = fruta:
> O *caqui* estava vermelhinho e muito doce.

11. *Claraboia* ou *clarabóia*?

A forma correta é *claraboia*, porque, com o Novo Acordo Ortográfico, o ditongo aberto *oi* de palavras paroxítonas não é acentuado:
> asteroide, paleozoico, esteroide.

12. *Coco, côco* ou *cocô*?

Existem duas formas:

▶ coco = fruta:
> A fruta do coqueiro grafa-se *coco* e não *côco*.

- cocô = fezes:
    Os donos de cachorro devem recolher o *cocô* que o seu animal faz na rua.

> **Saiba mais**
>
> A forma *côco*, encontrada em muitos anúncios de venda, está errada porque não se acentuam os paroxítonos terminados em -*a*, -*e*, -*o*.

13. *Coo* ou *côo*?

A 1ª p. sing. pres. ind. de *coar* é *coo* sem acento gráfico, assim como *moo, abençoo, enjoo, perdoo, povoo, voo*, isso porque o hiato *oo*, pelo Novo Acordo, perdeu o acento.

14. *Da* ou *dá*?

Existem as duas formas:

- da = de + a (prep. + art.):
    Quais as atribuições *da* Corregedoria?

- dá (3ª p. sing. pres. ind. de *dar* e 2ª p. sing. imp. afirm.):
    Estudar Filosofia *dá* prestígio.
    Dá o envelope a teu pai.

15. *De* ou *dê*?

Existem as duas formas:

- de (prep.):
    joão-*de*-barro; vestido *de* noiva; Vim *de* Brasília ontem.

- dê (3ª p. sing. pres. subj. de *dar*):
    Espero que a diretora *dê* permissão para usarmos o laboratório de Química.

16. *Exército* ou *exercito*?

Existem as duas formas:

- exército (subst.):
    Caxias é o patrono do *Exército* brasileiro.

- exercito (forma verbal de *exercitar*):
    Exercito-me com frequência naquela academia.

17. *Gratuito* ou *gratuíto*?

A forma correta é *gratuito*: as vogais *ui* formam ditongo e não hiato. O mesmo acontece com *fortuito*.

18. *Hieroglifo* ou *hieróglifo*?

As duas formas estão corretas e significam sinais que caracterizam a escrita dos antigos egípcios, decifrada por Champollion.

19. *Hífen* ou *hifen*?

A forma correta é *hífen*, porque os paroxítonos terminados em *-n, -l, -r, -x* são acentuados:
    hífen; útil; éter; tórax.

> **Saiba mais**
>
> O plural de *hífen* é *hifens*, sem acento.

20. *Ibero* ou *íbero*?

A forma correta é *ibero*, porque a palavra é paroxítona e não proparoxítona.

21. *Inaudito* ou *ináudito*?

A forma correta é *inaudito*, porque a palavra é paroxítona e não proparoxítona:
    Los Ângeles está sofrendo incêndio de proporções *inauditas*.

22. *Jóquei* ou *joquei*?

A forma correta é *jóquei* porque os paroxítonos terminados em *-ei(s)* levam acento gráfico:
      vôlei, úteis, amáveis.

23. *Juiz* ou *juíz*?

A forma correta é *juiz*, porque não se acentua a segunda vogal tônica *i* dos hiatos, quando seguida na mesma sílaba de letra que não seja *-s*. Assim:
      juiz, ainda, cair, Caim, Adail.

Mas levam acento:
      juíza, juízes, egoísta, faísca.

24. *Júri* ou *jure*?

Existem as duas formas:

▶ júri (subst.) leva acento gráfico porque os paroxítonos terminados em *-i(s)* e *-us* são acentuados:
      júri, tênis, bônus.

▶ jure (forma do verbo *jurar*), por não se enquadrar no caso acima, não é acentuada:
      Para que você acredite nas minhas palavras é preciso que eu *jure*?

25. *Más* ou *mas*?

Existem as duas formas:

▶ más = plural de *má* (adj.) é monossílabo tônico, por isso é acentuado.
      As *más* notícias não demoram a chegar.

▶ mas (conj.) é monossílabo átono, por isso não é acentuado.
      Choveu, *mas* não com a intensidade prevista.

> **Saiba mais**
>
> Não confundir *mas* (= noção de contraste) com *mais* (= noção de intensidade ou comparação):
> > Precisamos de *mais* informações sobre o projeto.
> > Gosto *mais* de cinema do que de teatro.

26. *Nobel* ou *Nóbel*?

A forma correta é *Nobel*, oxítona e não paroxítona.

27. *Ômega* ou *omega*?

A forma correta é *ômega*, proparoxítona e não paroxítona.

28. *Órfã* ou *orfã*?

A forma correta é *órfã*, porque os paroxítonos terminados em -ã(s), -ão(s) são acentuados:
> órfã(s), órfão(s), órgão(s).

29. *Para* ou *pára*?

Com o Novo Acordo Ortográfico, não se distinguem graficamente

- para (prep.):
  > Investigadores da ONU vêm ao Brasil *para* apurar denúncias.

- para (3ª p. sing. de *parar*):
  > Modelo famosa *para* o trânsito em Copacabana.

30. *Parabéns* ou *parabens*?

A forma correta é *parabéns,* porque os oxítonos terminações -em e -ens são acentuados:
> além, também, refém, reféns, parabéns.

31. *Pelo, pélo* ou *pêlo*?

A forma correta é *pelo*. Com o Novo Acordo Ortográfico, as palavras paroxítonas homógrafas perderam o acento diferencial de timbre aberto/fechado. Assim tem-se

▶ pelo(s) (subst.):
   O famoso canil daria prêmios ao cão de *pelo* mais sedoso. (*e* fechado)

▶ pelo, -a (pres. ind. de *pelar*):
   Eu *pelo* apenas o figo; a cozinheira *pela* as demais frutas. (*e* aberto)

▶ pelo, -a (*per* + *o, a*):
   O professor foi homenageado *pelo* livro escrito e *pela* dedicação ao ensino. (*e* fechado)

32. *Pode* ou *pôde*?

Existem as duas formas.

▶ pode (3ª p. sing. pres. ind.):
   O impasse político *pode* prejudicar sua candidatura.

▶ pôde (3ª p. sing. pret. perf.):
   A testemunha nada *pôde* informar ontem.

Saiba mais

O Novo Acordo Ortográfico aboliu o acento diferencial de timbre, com exceção das formas *pode* e *pôde* bem como em *por* (preposição) e *pôr* (verbo).

33. *Polo*, *pólo* ou *pôlo*?

A forma correta é *polo*, para timbre fechado ou aberto, pela razão exposta em *pelo* (item 31):

▶ polo (antiga combinação *por* + *o*):
   O batel deslizava *polo* rio Tejo. (*o* fechado)

▶ polo(s) = filhote de falcão (subst.):
   A sociedade protetora dos animais proibiu caça aos *polos*. (*o* fechado)

- polo (subst.):
  O degelo dos *polos* preocupa os ambientalistas. (*o* aberto)

34. *Por* ou *pôr*?

- por (prep.):
  Favelas espalham-se *por* todo o país.

- pôr (verbo):
  O diretor prometeu *pôr* as cartas na mesa.

> **Saiba mais**
>
> As demais palavras terminadas em *-or*, inclusive os verbos derivados de *pôr*, não são acentuadas: *dor, cor, repor, antepor, dispor, repor*.

35. *Português* ou *portugues*?

A forma correta é *português*, porque os oxítonos terminados em *-a, -e, -o*, seguidos ou não de *-s*, são acentuados:
sofá, aliás, café, português, cipó, ioiô, propôs.

36. *Protótipo* ou *prototipo*?

A grafia correta é *protótipo*, porque a palavra é proparoxítona e não paroxítona.

37. *Pudico* ou *púdico*?

A forma correta é *pudico*, porque a palavra é paroxítona e não proparoxítona.

38. *Que* ou *quê*?

Existem as duas formas:

- que (monossílabo átono):
    Que segredo você me prometeu contar hoje? (pron. interrog.)
    Você prometeu *que* traria o livro de *que* falávamos ontem. (conj. e pron. rel. respectivamente.)

- quê (monossílabo tônico) é acentuado quando
    - pron. interrog. em final de frase:
        — Já corrigi o texto para você ontem.
        — Você fez o *quê*?
    - substantivo:
        Há um *quê* de alegria no ar.

39. *Revérbero* ou *reverbero*?

A forma correta do substantivo é *revérbero,* porque a palavra é proparoxítona e não paroxítona:
    O *revérbero* da luz feria-me intensamente os olhos.

40. *Rubrica* ou *rúbrica*?

A forma correta é *rubrica*. Essa palavra é paroxítona e não proparoxítona.

41. *Ruim* ou *rúim*?

A forma correta é *ruim*, porque se trata de um hiato (ru-im) e não de um ditongo.

42. *Sábia, sabia* ou *sabiá*?

Existem as três formas:

- sábia (adj. fem.) é acentuado por ser paroxítono terminado em ditongo crescente:
    Aquela filósofa era uma *sábia*.

- sabia (forma de *saber*) não recebe acento gráfico por ser paroxítono terminado em *a*:
    O professor *sabia* muito da história colonial brasileira.

▶ sabiá (ave) acentua-se por ser oxítono terminado em *a*:
  A *sabiá* fez um ninho no alto da mangueira.

43. *Saia* ou *saía*?

Existem as duas formas:

▶ saia não é acentuado graficamente por se tratar do ditongo *ai* (sai-a):
  Usava *saia* muito curta.
  Saia do caminho.

▶ saía recebe acento agudo no *i*, por se tratar da segunda vogal de hiato (sa-í-a):
  Ela *saía* sempre com os primos.

> **Saiba mais**
>
> A mesma oposição de *saia* e *saía* encontra-se em:
>   ai, aí; baia, baía; cai, caí; caia, caía; contribui, contribuí; dai, daí; distribui, distribuí; fluido, fluído; instrui, instruí; pais, país; sai, saí; substitui, substituí; trai, traí.

44. *Saúde* ou *saude*?

A forma correta é *saúde*, porque se acentua a segunda vogal tônica *u* dos hiatos, só ou seguida de *s*:
  saúde, baú(s), viúvo, balaústre.

45. *Secretária* ou *secretaria*?

Existem as duas formas:

▶ secretária = pessoa que desempenha uma determinada função:
  Haverá concurso para a escolha da nova *secretária* do presidente.

▶ secretaria = departamento de uma empresa ou instituição:
  Na reforma do prédio, deslocaram a *secretaria* para outro andar.

> **Saiba mais**
>
> Não se devem confundir palavras que se escrevem de forma semelhante, mas cujos significados são diferentes:
> depósito, deposito; notícia, noticia; prêmio, premio; influência, influencia.

46. *Série* ou *serie*?

Existem as duas formas:

- série (subst.) = sucessão de eventos ou coisas:
   Minha filha foi aprovada para a 5ª *série* do Ensino Fundamental.

- serie (1ª e 3ª p. sing. pres. subj. e 3ª p. imper. afirm. de *seriar*) = ordenar em série.
   É necessário que você *serie* as palavras desconhecidas no texto.

47. *Tem* ou *têm*?

Existem as duas formas:

- tem (3ª p. sing. pres. ind.):
   O Brasil *tem* mais um título olímpico no vôlei.

- têm (3ª p. pl. pres. ind.):
   Os brasileiros *têm* mais um título a comemorar.

> **Saiba mais**
>
> Uma peculiaridade dos derivados do verbo *ter* é que recebem acento agudo na 3ª p. sing. e circunflexo na 3ª p. pl.: ele *detém*, eles *detêm*; ele *contém*, eles *contêm*.

48. *Ureter* ou *uréter*?

A grafia correta é *ureter*, porque a palavra é oxítona terminada em *-r*.

49. *Vem, vêm* ou *veem*?

Existem as três formas:

- vem (3ª p. sing. pres. ind. de *vir*):
  O exemplo *vem* de cima.

- vêm (3ª p. pl. pres. ind. de *vir*):
  Os exemplos *vêm* de cima.

- veem (3ª p. pl. pres. ind. de *ver*):
  Os africanos *veem* com otimismo a ajuda internacional.

> ### Saiba mais
>
> ▶ Uma peculiaridade dos derivados do verbo *vir* é que recebem acento agudo na 3ª p. sing. e circunflexo na 3ª pl.:
> convém, convêm; provém, provêm.
> Isto me *convém*. / Estas datas lhe *convêm*.
>
> ▶ Pelo Novo Acordo Ortográfico não se acentua mais a primeira vogal do hiato *-eem*, das formas verbais:
> veem, creem, deem, leem.
>
> ### Quadrinha mnemônica
>
> Se ele vê, eles veem,
> Se ele vem, eles vêm;
> O mesmo para dê/deem
> E também para tem/têm.

50. *Xérox* ou *xerox*?

A palavra pode ser oxítona, sem acento, portanto (*xerox*); e pode ser paroxítona, com acento (*xérox*). Emprega-se como substantivo (a *xérox*, uma *xerox*), ou como adjetivo (cópia *xérox*, cópia *xerox*).

Exercícios (gabarito no final do livro)

1. As palavras "país", "cínica" e "lamentável" recebem acento, respectivamente, pelo mesmo motivo que

    a) atraí-las – cúmplice – abdômen.
    b) distraído – intervêm – lamentáveis.
    c) espadaúdo – armazéns – contá-las-emos.
    d) intróito – afegão – âmbar.
    e) veículo – órfãs – távola.

2. As palavras "últimos", "também", "vício" e "saúde" obedecem, respectivamente, às mesmas regras de acentuação gráfica de

    a) âmago – detém – bílis – júri.
    b) etéreo – álbum – régio – chapéu
    c) fenômeno – alguém – balaústre – tênue.
    d) público – armazém – imundície – viúvo.
    e) vácuo – acém – míope – núpcias.

3. Assinale a alternativa em que NÃO há erro de acentuação:

    a) aerólito – alcoólatra – ômega – protótipo.
    b) décano – líder – aeródromo – sênior.
    c) édito – ibéro – júnior – pegada.
    d) gólfão – anátema – míster – amálgama.
    e) idolátra – consultório – reverbero – refém.

4. Das séries de palavras abaixo, as que seguem a mesma regra de acentuação gráfica são

    a) cérebros – orgânicas – troféu.
    b) hormônio – característica – é.
    c) pelos – dá – ruídos.
    d) também – nós – têm.
    e) você – será – até.

5. As palavras paroxítonas terminadas em ditongo crescente seguido ou não de -s são acentuadas. Assinale a alternativa em que todas as palavras seguem essa regra de acentuação gráfica:

a) amáveis – chapéu – jóquei – mágoa – ambíguo.
b) aniversário – rouxinóis – papéis – saúde – faísca.
c) constrói – decibéis – céu – freguês – maiô.
d) espontâneo –tênue – advérbio – ânsia – línguas.
e) fúteis – túneis – equilíbrio – árdua – vírus.

6. Os ditongos decrescentes abertos *éi*, *éu* e *ói*, seguidos ou não de *-s* , em palavras oxítonas são acentuados. Assinale a alternativa em que todas as palavras devem ser acentuadas porque seguem essa mesma regra:

    a) aneis – chapeu – anzois.
    b) assembleia – ateu – dodoi.
    c) ateia – hebreu – adenoide.
    d) fieis – judeu – asteroide.
    e) geleia – europeu – apoia.

7. Recebem acento gráfico (agudo ou circunflexo) todas as palavras da opção:
    a) para (verbo) – para (preposição).
    b) por (verbo) – pode (3ª p. sing. pret. perf. ind. de *poder*)
    c) tem (3ª p. sing. pres. ind. de *ter*) – tem (3ª p. pl. pres. ind. de *ter*).
    d) vem (3ª p. sing. pres. ind. de *vir*) – vem (3ª p. pl. pres. ind. de *vir*).
    e) voo – deem.

8. Assinale a alternativa em que todos os vocábulos devem ser acentuados, segundo o princípio do hiato:

    a) aguentar – sagui – agueira – aguentar.
    b) alcaguete – gratuito – balaustre – ai.
    c) argui – averigue – averigues – oblique.
    d) caira – egoista – bau – saude.
    e) feiura – contribuiu – atraiu – pauis.

9. Avalie as seguintes afirmações a propósito do emprego do acento gráfico.

    I) Os ditongos abertos *ei* e *oi* de palavras paroxítonas não são acentuados: ideia(s), geleia, boia, jiboia.

II) As palavras paroxítonas terminadas em *oo* e em *ee* não são acentuadas: enjoo, abençoo, creem, leem.
III) É facultativo usar o circunflexo em *fôrma* (com *o* fechado) para diferençar de *forma* (com *o* aberto).

É correto o que se afirma em

a) I, apenas.
b) I e II, apenas.
c) I e III, apenas.
d) II e III, apenas.
e) I, II e III.

10. O estudo da devida colocação do acento tônico das palavras é objeto da prosódia, uma das partes em que se divide a Fonologia. As palavras "Nobel", "ureter", "rubrica", "pegada", "ibero", "ruim" classificam-se, respectivamente, no padrão culto da língua, como

a) oxítona, oxítona, paroxítona, paroxítona, paroxítona, oxítona.
b) oxítona, paroxítona, paroxítona, paroxítona, proparoxítona, oxítona.
c) oxítona, proparoxítona, proparoxítona, paroxítona, paroxítona, paroxítona.
d) paroxítona, paroxítona, proparoxítona, oxítona, proparoxítona, oxítona.
e) paroxítona, proparoxítona, paroxítona, oxítona, proparoxítona, paroxítona.

11. Assinale a opção INCORRETA:

a) eu dê; eles deem.
b) eu creio; eles creem.
c) eu prevejo; eles preveem.
d) eu venho; eles veem.
e) eu vejo; eles veem.

3. EMPREGO DO HÍFEN

Hífen é um sinal gráfico que se usa para

A) ligar elementos em vocábulos compostos:
água-marinha, bem-te-vi, para-choque, luso-brasileiro.

B) unir os prefixos à palavra primitiva, na formação de vocábulos derivados:
aquém-mar, circum-navegar, ex-mulher, pós-operatório, pré-nupcial, pró-excedentes, recém-chegados, vice-prefeito.

C) ligar pronomes átonos a formas verbais:
estudá-lo, dir-lhe-ei, fala-se.

D) separar sílabas na passagem de uma linha para outra (translineação):
cader-/no, sé-/rie, fi-/lho.

As dificuldades de emprego do hífen ocorrem com os vocábulos formados por prefixos ou radicais. Há uma norma, porém, que, se não resolve todos os casos, auxilia o usuário na solução da maioria deles.

Emprega-se o hífen

Em palavras compostas

a) cujos elementos, de natureza nominal, numeral ou verbal, constituem uma unidade sintagmática e semântica, mantendo cada um a sua tonicidade e ainda podendo o primeiro elemento apresentar-se reduzido na sua forma:
ano-luz, arco-íris, decreto-lei, médico-cirurgião, tenente-coronel, tio-avô, turma-piloto, alcaide-mor, amor-perfeito, guarda-noturno, mato-grossense, norte-americano, latino-americano, afro-luso-brasileiro, azul-escuro; primeiro-ministro, segundo-sargento, quinta-feira; conta-gotas, finca-pé, guarda-chuva; bel-prazer, Grã-Bretanha, Grão-Pará.

> **Saiba mais**
>
> ▶ Os compostos por aglutinação em que se perdeu a noção da composição grafam-se sem hífen: *girassol, madressilva, mandachuva, pontapé, paraquedas*.
> ▶ Pelo Novo Acordo Ortográfico, perdem o hífen palavras compostas com *não* (*não violência, não governamental*), *quase* (*quase perfeito*) e *tão* (*tão só, tão somente*).

b) que designam espécies botânicas e zoológicas, ligadas ou não por preposição ou qualquer outro elemento:
    abóbora-menina, couve-flor, erva-doce, ervilha-de-cheiro, bem-me-quer; formiga-branca, andorinha-do-mar, cobra-d'água, lesma-de-conchinha, bem-te-vi, leão-marinho.

> **Saiba mais**
>
> ▶ *bem-me-quer* leva hífen e *malmequer* não leva hífen.

c) cujo primeiro elemento seja *grão/grã*, ou cujo segundo elemento seja *mor*.
    Grão-Pará, Grã-Bretanha; grão-duque, grã-duquesa; capitão-mor, ouvidor-mor, altar-mor.

d) cujo primeiro elemento é uma forma verbal e em compostos ligados por artigo.
    Abre-Campo, Passa-Quatro, Todos-os-Santos, Entre-os-Rios, Trás-os-Montes.

> **Saiba mais**
>
> ▶ Não levam hífen outros topônimos compostos: *América do Sul, Belo Horizonte, Cabo Verde, Castelo Branco, Rio de Janeiro*.

e) com os advérbios *bem* e *mal*, quando formam uma unidade sintagmática e semântica, e o segundo elemento começa por *vogal* ou *h*:
> bem-amado, bem-estar, bem-humorado; mal-amado, mal--estar, mal-humorado.

> **Saiba mais**
>
> O advérbio *bem*, ao contrário de *mal*, pode não se aglutinar com palavras começadas por consoante. Comparem-se: *bem-criado* (*malcriado*), *bem-ditoso* (*malditoso*), *bem-mandado* (*malmandado*), *bem-nascido* (*malnascido*), *bem-visto* (*malvisto*).

f) com os advérbios *além*, *aquém*, *recém* e a preposição *sem*:
> além-mar, além-fronteiras; aquém-mar, aquém-fronteiras; recém-casado, recém-nascido; sem-cerimônia, sem-vergonha, sem-teto, sem-terra.

g) em que duas ou mais palavras ocasionalmente se combinam, formando não propriamente um vocábulo, mas um encadeamento vocabular:
> Liberdade-Igualdade-Fraternidade; ponte Rio-Niterói; percurso Lisboa-Coimbra-Porto; a ligação Angola-Moçambique; cooperação França-Brasil.

h) que formam locuções consagradas pelo uso:
> água-de-colônia, arco-da-velha, cor-de-rosa, mais-que-perfeito, pé-de-meia, ao deus-dará, à queima-roupa, pão-duro.

> **Saiba mais**
>
> Nas demais locuções, sejam elas substantivas, adjetivas, pronominais, adverbiais, prepositivas ou conjuntivas, não se emprega, em geral, o hífen:
> - substantivas: *água de cheiro, cão de guarda, café da manhã, café com leite, fim de semana, sala de jantar, sala de aula*;

- adjetivas: *cor de açafrão, cor de café com leite, cor de vinho*;
- pronominais: *cada um, ele próprio, nós mesmos, quem quer que seja*;
- adverbiais: *à toa, à parte, antes de ontem, depois de amanhã, em cima, por isso*;
- prepositivas: *abaixo de, acerca de, acima de, a fim de, debaixo de, por cima de, quanto a*;
- conjuntivas: *ao passo que, contanto que, logo que, por conseguinte, visto que, desde que, logo que*.

i) que formam onomatopeias em que se repetem duas ou mais vezes a mesma palavra:
blá-blá-blá, corre-corre, lenga-lenga, nhem-nhem-nhem, reco-reco, tique-taque, zigue-zague.

Saiba mais

Entretanto não levam hífen: *bumbum, bombom*.

Em palavras derivadas

Com prefixos (*ante-, anti-, arqui, circum-, contra-, entre-, extra-, hiper-, infra-, intra-, pós-, pré-, pró-, sobre-, sub-, super-, supra-, ultra-*) e em formações por recomposição, isto é, com elementos não autônomos ou falsos prefixos (*aero-, agro-, arqui-, auto-, bio-, eletro-, geo-, hidro-, inter-, macro-, maxi-, micro-, mini-, multi-, neo-, pan-, pluri-, proto-, pseudo-,* retro-, *semi-, tele-*), só se emprega o hífen nos seguintes casos:

a) se o segundo elemento começar por *h*:
ante-histórico, anti-higiênico, anti-herói, auto-hipnose, arqui-hipérbole, circum-hospitalar, co-herdeiro, contra-harmônico, eletro-higrômetro, extra-humano, geo-história, hiper-hidratação, hiper-humano, neo-helênico, pan-helenismo, proto-história, pré-história, semi-hospitalar,

sobre-humano, sub-humano, infra-hepático, sub-hepático, super-homem, ultra-hiperbólico.

> **Saiba mais**
>
> ▶ Com os prefixos *des-* e *in-*, caem o h e o hífen: desumano, desarmonia, desonra, inábil, inumano.
> ▶ O mesmo ocorre com os prefixos *co-* e *re-*: coerdar, coabitar, reabilitar.

b) se o prefixo ou pseudoprefixo terminar na mesma vogal com que se inicia o segundo elemento:
> anti-infeccioso, anti-inflamatório, arqui-inimigo, arqui-irmandade, auto-observação, contra-almirante, contra-ataque, extra-articular, infra-assinado, infra-axilar, micro-onda, micro-ônibus, neo-ortodoxia, proto-orgânico, semi-interno, sobre-erguer; supra-auricular, tele-educação, ultra-alto, ultra-aquecido.

> **Saiba mais**
>
> Nas formações com os prefixos *co-* e *re-*, eles se aglutinam, em geral, com o segundo elemento, mesmo quando iniciado por *o* ou *e*:
> coeducar, coedição; coordenar, cooperação.
> reeditar, reeleição, reorganizar.

c) com os prefixos *circum-* e *pan-*, quando o segundo elemento começa por *vogal*, *m* ou *n* (além do *h* já considerado):
> circum-adjacente, circum-hospitalar, circum-murado, circum-navegação; pan-americano, pan-helenismo, pan-mágico, pan-negritude

d) com os prefixos *hiper-*, *inter-* e *super-*, quando combinados com elementos iniciados por *r* ou *h*:
> hiper-requintado, inter-humano, inter-resistente, inter-regional, inter-relação, super-homem, super-reativo, super-revista.

e) Com os prefixos *ab-*, *ob-*, *sob-*, *sub-*, se a palavra seguinte começar por *b*, *h* ou *r*:
>   ab-rogar, ob-rogação, sob-roda, sub-base, sub-bibliotecário, sub-hepático, sub-humano, sub-reitor.

> **Saiba mais**
>
> Entretanto não há hífen, se a segunda palavra iniciar-se por vogal ou consoante diferente de *b*, *h* ou *r*: *subárea, subchefe, subcategoria, subcomissão, subcutâneo, subdelegado, subdiretor, subemprego, subentendido, subestimar, subfaturado, sublocação, submundo, subnutrido, suboficial, subprefeito*.

f) com os prefixos *ex-*, *sota-*, *soto-*, *vice-*, *vizo-*, *pós-*, *pré-* e *pró-*, se o segundo elemento tiver vida à parte:
>   ex-aluno, ex-diretor, ex-presidente; soto-mestre sota-piloto; vice-presidente, vice-rei; vizo-rei; pós-graduação, pós-tônico; pré-escolar, pré-natal; pró-africano, pró-europeu.

> **Saiba mais**
>
> Se os prefixos *pos-*, *pre-* e *pro-* forem átonos não se usa o hífen: pospor, prever, promover.

g) com os sufixos de origem tupi-guarani que representam formas adjetivas, como *-açu*, *-guaçu* e *-mirim*, quando o primeiro elemento termina em sílaba tônica, acentuada graficamente ou não: amoré-guaçu, anajá-mirim, andá-açu, capim-açu, cajá-açu, sabiá-guaçu, tarumã mirim, Ceará-Mirim.

NÃO se emprega o hífen

a) em compostos cuja noção de composição, em certa medida, se perdeu:
>   gasômetro, girassol, passatempo, pontapé.

b) nas locuções substantivas, adjetivas, pronominais, verbais, adverbiais, prepositivas, conjuntivas e interjetivas:
>fim de semana, cor de abóbora, ele próprio, hei de fazer, dia a dia, em vez de, ao passo que.

c) com o advérbio de negação com valor de prefixo:
>não fumante, não ficção.

d) com prefixo que termina por vogal diferente da vogal inicial do segundo elemento:
>autoescola, antiaéreo, contraindicação, infraestrutura, semiárido, ultraexigente,

e) com os prefixos *co-*, *des-*, *in-* e *re-* quando o segundo elemento perde o *h-* inicial:
>coerdeiro, desumano, inabitado, reaver

f) com prefixos terminados em *vogal* e o segundo elemento começar por *r* ou *s*, há a duplicação do *r* e do *s*:
>anterrepublicano, antirrábico, antissequestro, autorretrato, autosserviço, contrassenso, microrregião, minissaia, semirreta, suprarrenal, ultrassonografia.

ESQUEMA MNEMÔNICO DO USO DO HÍFEN

EMPREGA-SE O HÍFEN	
Em compostos por justaposição cujos elementos constituem uma unidade semântica e mantêm uma tonicidade própria.	ano-luz, azul-marinho, para-brisa, primeiro-tenente
Em compostos cujo primeiro elemento seja *grão/grã*, ou cujo segundo elemento seja *mor*.	Grão-Pará, Grã-Bretanha, grão-duque; Capitão-mor, ouvidor-mor, altar-mor
Em compostos que designam espécies botânicas ou zoológicas	andorinha-grande; ervilha-de-cheiro

Em compostos iniciados por forma verbal ou com elementos ligados por artigo	Passa-Quatro, Entre-os-Rios
Com os advérbios *bem-* / *mal-* diante de *vogal* ou *h*.	bem-amado, mal-amado, bem--humorado, mal-humorado
Em compostos com *além-*, *aquém-*, *recém-*, *sem-*	além-mar, aquém-mar, recém--eleito, sem-teto
Em encadeamentos vocabulares	Belém-Brasília, Rio-Niterói

EMPREGA-SE O HÍFEN EM DERIVADOS

Com prefixos diante de *h* (com exceção de *co-*, *des-*, *in-* e *re-*)	anti-histórico, super-homem (coerdeiro, desumano, inabitado, reaver)
Com prefixos que terminam pela mesma vogal que inicia o segundo elemento (com exceção de *co-* e *re-*).	anti-inflamatório, contra-almirante, micro-ondas (coordenar, reescrever)
Com os prefixos *circum-* e *pan-* diante de elemento iniciado por *vogal*, *m*, *n*, *h*.	circum-adjacente, circum--navegação, circum-murado, pan-islamismo, pan-mágico, pan-helenista
Com os prefixos *hiper-*, *inter-*, *super-* com o segundo elemento iniciado por *r* ou *h*	hiper-resistente, inter-resistente, inter-humano, super--homem
Com prefixos *ab-*, *ob-*, *sob-*, *sub-*, *ad-* com o segundo elemento iniciado por *b*, *h* ou *r*	ab-rogar, ob-repção, sub-reptício, sub-humano, sub-base, ad-rogação
Com os prefixos *ex-*, *pós-*, *pré-*, *pró-*, *sota-*, *soto-*, *vice-*, *vizo-*	ex-diretor, pós-cirurgico, pré-estreia, pró-reitor, sota-voga, soto--mestre, vice-prefeito, vizo-rei
Com sufixos de origem tupi-guarani: *-açu*, *-guaçu*, *-mirim*, combinados com palavras oxítonas.	capim-açu, amoré-guaçu, cajá--mirim

NÃO SE EMPREGA O HÍFEN	
Em compostos cuja noção de composição, em certa medida, se perdeu	gasômetro, girassol, passatempo, pontapé
Nas locuções substantivas, adjetivas, pronominais, verbais, adverbiais, prepositivas, conjuntivas e interjetivas	fim de semana, cor de abóbora, ele próprio, hei de fazer, dia a dia, em vez de, ao passo que
Com o advérbio de negação com valor de prefixo.	não fumante, não ficção
Com prefixo que termina por vogal diferente da vogal inicial do segundo elemento.	autoescola, antiaéreo, contraindicação, infraestrutura, semiárido
Com os prefixos *co-*, *des-*, *in-* e *re-* quando o segundo elemento perde o *h-* inicial.	coerdeiro, desumano, inabitado, reaver
Com prefixos terminados em *vogal* e o segundo elemento começar por *r*, *s*, caso em que há a duplicação do *r* e do *s*.	anterrepublicano, antissequestro, microrregião, suprarrenal, ultrassonografia

Tira-dúvidas

1. *Abjurar* ou *ab-jurar*?

A forma correta é *abjurar*. Com os prefixos *ab-*, *ad-*, *ob-*, *sob-* e *sub-* só se usa hífen antes de palavras iniciadas por *b*, *h* e *r* : *ab-rogar* (eliminar), *ad-rogar* (adotar), *ob-reptício* (obtido por meio de ardil), *sob-roda*, *sub-bloco*, *sub-humano*.

> **Saiba mais**
>
> Em abrupto (cuja pronúncia é ab-rup-to) não se usa hífen.

2. *Água de coco* ou *água-de-coco*?

A forma correta é *água de coco*, porque geralmente não se emprega o hífen em locuções: *pé de boi, jardim de infância, café da manhã*.

> **Saiba mais**
> ....
>
> Entretanto emprega-se hífen em locuções consagradas pelo uso: *água-de-colônia, arco-da-velha, cor-de-rosa, mais-que-perfeito, pé-de-meia, ao deus-dará, a queima-roupa*

3. *Anti-higiênico* ou *antiigiênico*?

A forma correta é *anti-higiênico,* porque, com qualquer prefixo, (com exceção de *co-, des-, in-,* e *re-*), usa-se hífen antes de palavra começada por *h*: *sobre-humano, sub-humano*.

4. *Anti-inflamatório* ou antiinflamatório?

A forma correta é *anti-inflamatório*. Nas formações em que o prefixo ou pseudoprefixo termina com a mesma vogal com que se inicia o segundo elemento, emprega-se o hífen: *micro-ondas, tele--educação*. Fazem exceção palavras consagradas pelo uso: coordenar, reescrever.

5. *Aquém-Pireneus* ou *aquém Pireneus*?

A forma correta é *Aquém-Pireneus*. Em palavras compostas com *aquém, além, recém* e *sem* emprega-se o hífen: *além-mar, recém-chegado, sem-terra*.

6. *Autocrítica* ou *auto-crítica*?

A forma correta é *autocrítica*. Só se usa hífen com prefixos terminados por vogal quando as palavras primitivas se iniciam por *h* ou pela mesma vogal em que termina o prefixo.

7. *Bel-prazer* ou *belprazer*?

A forma correta é *bel-prazer*. Com as formas sincopadas *mor* e *bel*, usa-se hífen: *capitão-mor, bel-prazer*.

8. *Bem-humorado* ou *bem humorado*?

A forma correta é *bem-humorado*, porque, com os advérbios *bem* e *mal* – quando formam com o elemento seguinte, iniciado por vogal ou por *h*, uma unidade sintagmática e semântica –, usa-se hífen: *bem--aventurado, bem-estar, mal-agradecido, mal-humorado*.

9. *Bem-te-vi* ou *bem te vi*?

A forma correta é *bem-te-vi*, porque as palavras compostas que designam espécies zoológicas levam hífen: *andorinha-do-mar, bicho--de-pé*.

10. *Bom-dia* ou *bom dia*?

As duas formas estão corretas. A saudação deve ser escrita sem hífen: *Bom dia, Boa tarde, Boa noite*. Entretanto, quando for substantivo deve ser hifenizado: *Deu um bom-dia aos alunos. Estava cansada daqueles bons-dias de férias*.

11. *Cajá-mirim* ou *cajamirim*?

A forma correta é *cajá-mirim*. Emprega-se hífen em palavras terminadas por sufixo de origem tupi, quando o primeiro elemento é oxítono: *cipó-guaçu, ipê-mirim, andaiá-açu*.

> **Saiba mais**
>
> Não confundir com o adjetivo *mirim*, que pode acompanhar substantivo e não ser sufixo:
> "... com um caudilho *mirim*..." (Graciliano Ramos, *Linhas Tortas*)

12. *Circum-navegar* ou *circunavegar*?

A forma correta é *circum-navegar*. Com os prefixos *circum* e *pan-*, quando o segundo elemento começa por vogal, *m-*, *n-*, *b-*, *p-* e *h-*, emprega-se o hífen: *circum-escolar, circum-murado, pan-americano*.

13. *Coerdeiro* ou *co-herdeiro*?

A forma correta é *coerdeiro*. Em formações com o prefixo *co-* e *re-* seguido de *h*, cai o *h* e há a aglutinação: *coabitar, reidratar*.

14. *Colateral* ou *co-lateral*?

A forma correta é *colateral*. Com o prefixo *co-*, assim como com os prefixos átonos *pro-, pre-* e *re-* não se emprega o hífen: *coadjutor, coirmão, cologaritmo, coordenar, coestaduano, coessência, correlator, correligionário, corresponder, cosseno, cossignatário, propor, prever, rever*.

15. *Conta-gotas* ou *conta gotas*?

A forma correta é *conta-gotas*, porque é uma palavra composta de natureza nominal cujos elementos formadores constituem uma unidade sintagmática e semântica.

16. *Contraindicação* ou *contra-indicação*?

A forma correta é *contraindicação*. Nas palavras derivadas em que o prefixo ou o pseudoprefixo termina em vogal e o elemento seguinte começa por vogal diferente ou consoante não se usa o hífen: *infraestrutura, ultraexigente, antiaéreo, contraconcepção, contraditório*.

17. *El-rei* ou *el rei*?

A forma correta é *el-rei*. O antigo prefixo *el-* separa-se com hífen da palavra seguinte.

18. *Erva-doce* ou *erva doce*?

A forma correta é *erva-doce*, porque as palavras compostas que designam espécies botânicas levam hífen: *couve-flor, pimenta-de-cheiro*.

19. *Ex-presidente* ou *expresidente*?

A forma correta é *ex-presidente*. Com os prefixos *ex-* (quanto indica anterioridade), *sota-*, *soto-*, *vice-* e *vizo-* emprega-se o hífen: *ex-aluno, soto-mestre, vice-rei*.

20. *Excomungar* ou *ex-comungar*?

A forma correta é *excomungar*. O prefixo *ex-*, quando indica movimento para fora, incorpora-se à palavra: *exportar, extrair, expectorante*.

21. *Grã-Bretanha* ou *Grã Bretanha*

A forma correta é *Grã-Bretanha* por ser o topônimo iniciado pelo adjetivo *grã*.

22. *Hiper-requintado* ou *hiperrenquintado*?

A forma correta é *hiper-requintado*. Nos compostos com o prefixo *hiper-*, *inter-* e *super-* quando o segundo elemento começa por *r* ou *h* emprega-se o hífen: *inter-resistente, super-radical*.

23. *Infravermelho* ou *infra-vermelho*?

A forma correta é *infravermelho*. Com o prefixo *infra* só se emprega o hífen se a palavra seguinte começar por *a-* ou *h-*. Assim, *infraestrutura, infrarrenal* e *infrassom*, mas *infra-assinado, infra-hepático*.

24. *Mal-amado* ou *malamado*?

A forma correta é *mal-amado*. Com os prefixos *mal-*, *bem-* e *pan-*, usa-se hífen quando as palavras se iniciam por *vogal* ou *h*: *mal-acabado, mal-humorado*; *pan-americano, pan-helenismo*.

25. *Malnascido* ou *mal-nascido*?

A forma correta é *malnascido*. *Mal*, ao contrário de *bem*, pode-se aglutinar com o elemento seguinte. Assim: *malnascido*, mas *bem-nascido*; *malvisto*, mas *bem-visto*.

> **Saiba mais**
>
> *Bem* separa-se geralmente do segundo elemento por hífen. Entretanto, em algumas palavras pode aglutinar-se ao elemento seguinte: *benfazejo, benfeitor, benquisto*.

26. *Micro-ondas* ou *microondas*?

A forma correta é *micro-ondas*. Quando o prefixo ou pseudoprefixo termina em vogal e o segundo elemento começa pela mesma vogal, emprega-se hífen: *contra-almirante, ante-estreia, anti-inflacionário*.

27. *Minissérie* ou *mini-série*?

A forma correta é *minissérie*, porque, quando o prefixo termina em vogal e a palavra primitiva começa pelas consoantes *r* ou *s*, o prefixo se incorpora ao radical, com duplicação da consoante: *minissaia, minirretrospectiva*.

28. *Paraquedas* ou *para-quedas*?

A forma correta é *paraquedas*. Certos compostos, nos quais se perdeu a noção de composição, escrevem-se sem hífen: *girassol, pontapé, paraquedista*.

> **Saiba mais**
>
> Levam hífen, pelo Acordo Ortográfico vigente, as palavras: *marca-passo, tira-teima, bota-fora, para-lama*.

29. *Postônico* ou *pós-tônico*?

A forma correta é *postônico*. Apesar de *pós-* ser um prefixo que se emprega normalmente com hífen, em algumas palavras dispensa-se o hífen, e o prefixo funciona como sílaba pretônica. O mesmo acontece com o prefixo *pré-*: *pretônico, prefixo*.

30. *Pós-graduação* ou *posgraduação*?

A forma correta é *pós-graduação*. Emprega-se o hífen com os prefixos tônicos acentuados graficamente quando o segundo elemento tem vida à parte: *pré-escolar, pró-americano*.

31. *Semivogal* ou *semi-vogal*?

A forma correta é *semivogal*. Só se emprega o hífen quando o segundo elemento começar por *h-* ou pela vogal *i-* (igual à vogal final do prefixo): *semi-hospitalar, semi-interno*.

32. *Subsolo* ou *sub-solo*?

A forma correta é *subsolo*. Com o prefixo *sub-*, só se usa hífen antes de palavras iniciadas por *b* (*sub-basal*), *h* (*sub-humano*) ou *r* (*sub-regência*). Nos demais casos, não se usa o hífen: *subárea, subemprego, subgerente, subsequente*.

33. *Super-homem* ou *superhomem*?

A forma correta é *super-homem*. Com os prefixos *super-* e *inter-*, usa-se hífen quando as palavras se iniciam por *h* ou *r*: *super-realismo; inter-hemisférico, inter-racial*.

> **Saiba mais**
>
> Em *interregno, interromper, interrupção, ininterrupto*, excepcionalmente não se usa hífen.

34. *Suprassumo* ou *supra-sumo*?

A forma correta é *suprassumo*. Com o prefixo *supra-*, só se emprega o hífen quando a palavra seguinte começa por *a-* (*supra-auricular*) ou *h-* (*supra-hepático*). Nos outros casos não se emprega o hífen: *supraespinhoso, suprarrenal, suprassegmental*.

35. *Todos-os-Santos* ou *Todos os Santos*?

A forma correta é *Todos-os-Santos*, porque é um topônimo ligado por artigo.

36. *Ultraleve* ou *ultra-leve*?

A forma correta é *ultraleve*. Só se usa hífen quando o segundo elemento começar por *a-* e *h-*: *ultra-alto*, *ultra-apressado*; *ultra-honesto*, *ultra-humano*.

37. *Ultrassonografia* ou *ultra-sonografia*?

A forma correta é *ultrassonografia*. Quando o prefixo ou pseudoprefixo termina em vogal e o segundo elemento começa por *r* ou *s* não se emprega hífen e duplica-se a consoante: *ecossistema*, *infraestrutura*, *ultraexigente*, *antirrevolucionário*.

Exercícios (gabarito no final do livro)

1. Assinale a alternativa em que o hífen esteja usado INADEQUADAMENTE em todas as palavras:

    a) ano-luz, arco-íris, decreto-lei.
    b) gira-sol, manda-chuva, ponta-pé.
    c) guarda-noturno, conta-gotas, luso-brasileiro.
    d) lero-lero, cata-vento, segundo-tenente.
    e) para-lama, para-brisa, marca-passo.

2. Em qual das palavras "bota fora", "não governamental" e "tão somente", o hífen é obrigatório?

    a) na primeira palavra.
    b) na segunda palavra.
    c) na terceira palavra.
    d) em nenhuma palavra.
    e) em todas as palavras.

3. Apenas uma das alternativas abaixo é correta, quanto ao emprego do hífen. Assinale-a.

a) A ponte costuma engarrafar no final-da-tarde.
b) Comprei uma saia cor-de-vinho para a festa de sábado.
c) Gosto de beber água-de-coco nos dias de calor.
d) Pendurei a foto do meu tio-avô na parede da sala.
e) Tomo meu café-da-manhã às sete horas, diariamente.

4. Imagine que você precisa escrever algumas palavras com o prefixo *anti-*. Assinale aquela que tem de ser escrita com hífen.

a) anti governamental.
b) anti heroísmo.
c) anti nacional.
d) anti reformista.
e) anti sociável.

5. O hífen é empregado em palavras compostas por justaposição cujos elementos constituem uma unidade sintagmática e semântica, mantendo cada qual seu acento próprio. A alternativa em que todos os exemplos ilustram essa regra é

a) auto-estrada; cajá-mirim; extra-escolar; vice-presidente.
b) azul-claro; luso-brasileiro; conta-gotas; primeiro-tenente.
c) mal-educado; recém-chegado; sem-terra; pé-de-boi.
d) pé-de-meia; jardim-de-infância; ponta-pé; micro-ondas.
e) tele-educação; pan-mediterrâneo; ultra-som; contra-regra.

6. Todas as palavras abaixo são formadas com os prefixos *ante-*, *arqui-*, *sub-*, *semi-*. Assinale a opção em que NÃO se emprega o hífen em todas as palavras:

a) ante-histórico; arqui-inimigo; sub-base; semi-imbecil.
b) ante-republicano; arqui-fonema; sub-oficial; semi-oficial.
c) arqui-inteligente; sub-reptício; semi-nudez.
d) arqui-rival; pós-nupcial; sub-campeão; semi-legal.
e) arqui-secular; sub-humano; semi-internato.

7. Geralmente não se emprega hífen em locuções, com exceção de umas poucas cuja grafia ficou consagrada pelo uso. Coloque o hífen no grupo em que ele se mantém por essa razão:

   a) a fim de, nós mesmos.
   b) a frente de, à medida que.
   c) cor de rosa, mais que perfeito.
   d) logo que, fim de semana.
   e) pé de moleque, café com leite.

8. O hífen se mantém em topônimos iniciados pelos adjetivos GRÃ, GRÃO; por forma verbal; ou quando os elementos estão ligados por artigo. Indique a alternativa em que os três topônimos são grafados COM hífen.

   a) Campo Grande, Cabo Verde, Belo Horizonte.
   b) Grã Canária, América do Sul, Trás os Montes.
   c) Grã Bretanha, Passa Quatro, Todos os Santos.
   d) Grão Pará, Paraíba do Sul, Entre os Rios.
   e) Rio de Janeiro, Guiné Bissau, Albergaria a Velha.

9. Assinale as alternativas em que se emprega corretamente o hífen.

   a) A menina é mal-educada.
   b) Amassou o para-choque do carro.
   c) Os sul-africanos receberão bem a Seleção Brasileira.
   d) Quem há-de contradizê-la.
   e) Reflitamos sobre a infra-estrutura da empresa.

10. Reescreva as frases observando o emprego do hífen. Mantenha-o, ou elimine-o, quando for o caso.

   a) Aquele homem é auto-didata.
   b) Encomendei ao feirante um quilo de inhame-roxo.
   c) Não deixe a porta entre-aberta.
   d) O acordo econômico luso-brasileiro já foi assinado.
   e) Sua reação foi sobre-humana.

4. EMPREGO DE INICIAIS MAIÚSCULAS

Emprega-se letra maiúscula

a) no início de período e de frases:
> A menina saiu para fazer compras.
> — Não fale alto! Estamos na biblioteca.
> — Você ainda não saiu? Já está atrasado.

Saiba mais

Se o termo que precede a exclamação ou a interrogação integra o todo oracional, emprega-se letra minúscula:
> O que você pretende com tal observação? diga-me. (a frase interrogativa completa o sentido do verbo "dizer".)
> Psiu! o bebê está dormindo. (o sentido da interjeição é inferido pela oração que a (= interjeição) segue.)

b) no início do verso tradicional e de citação direta:
> "Amor é fogo que arde sem se ver; / É ferida que dói e não se sente; / É um contentamento descontente; / É dor que desatina sem doer;" (Luís de Camões)
> Conciliador, meu amigo disse: "— Vamos passar a borracha nisso."

Saiba mais

▶ A partir do Movimento Modernista, encontram-se versos iniciados com minúscula:
> "Guanabara, seio, braço / de a-mar: / em teu nome a sigla rara / dos tempos do verbo mar." (Carlos Drummond de Andrade)

> Depois de dois pontos, só se emprega letra maiúscula se o termo seguinte for nome próprio ou citação; nos demais casos emprega-se letra minúscula:
>
> A secretária respondeu: João acabou de sair.
>
> Disse Dom Evaristo Arns: "Minha irmã morreu de uma maneira muito bonita, por defender uma causa em que sempre acreditou." (Jornal *O Globo*, 14/01/2010, Caderno O Mundo, p. 29)
>
> Minhas frutas prediletas são as seguintes: manga, abacaxi, banana.
>
> Melhor você ir de metrô: está bastante atrasado.

c) com substantivos próprios de qualquer espécie:

▶ antropônimos (nome de pessoas): José, Manoel, Regina Célia;

Saiba mais

Grafam-se com letra minúscula nomes de personagens antigos, reais ou fictícios, que se celebrizaram por seus atributos ou ações, quando usados metaforicamente. Tais nomes passaram, nesses casos, de próprios a comuns por antonomásia:

um judas, um mecenas, uma joana d'arc.

▶ patronímicos (nome de família, cuja origem encontra-se no nome do pai ou de um ascendente masculino; por extensão sobrenome): Fernandes, Martins, Cunha, Silva, Angelim;

▶ apelido, alcunha ou epíteto: Zequinha, Nanda; Pinóquio (para mentiroso), Pinguço (para beberrão); Poeta dos Escravos (Castro Alves), Águia de Haia (Rui Barbosa);

▶ topônimos (nome de lugar): América do Sul, Brasil, Niterói, Copacabana;

> **Saiba mais**
>
> Na denominação de logradouros públicos, templos e edifícios, a categorização deles pode vir com inicial maiúscula ou minúscula:
> Avenida (avenida) Suburbana; Praça (praça) da República; Largo (largo) do Boticário, Travessa (travessa) do Comércio, Terreiro (terreiro) de São Francisco, Viaduto (viaduto) do Chá; Igreja (igreja) da Candelária; Pirâmides (pirâmides) de Gizé; Edifício (edifício) Gustavo Capanema.

▶ tribos (sociedade humana organizada rudimentarmente): Karajá, Guarani;

▶ entidades mitológicas, religiosas e astronômicas: Vênus, Afrodite, Saci-Pererê; Deus, Alá, Tupã; Via Látea, Cruzeiro do Sul;

▶ eras históricas, épocas e datas significativas: Antiguidade, Idade-Média; Renascimento, Quinhentos (século XVI); Dia das Mães, Quinze de Novembro (Proclamação da República);

▶ instituições religiosas ou políticas; agremiações culturais ou esportivas; empresas públicas ou privadas: Igreja Católica Apostólica Romana, Igreja Presbiteriana; Ministério da Educação; Academia Brasileira de Letras, Clube de Regatas do Flamengo; Imprensa Oficial do Estado do Rio de Janeiro, Lexikon Editora Digital;

> **Saiba mais**
>
> Os nomes "Estado" e "País", quando empregados com sentido de determinada nação, grafam-se com maiúscula:
> O Estado brasileiro; País (=Brasil).

▶ títulos de obras apresentam o primeiro elemento sempre com maiúscula, e os demais, exceção para os nomes próprios, admitem letra maiúscula ou minúscula: Minidicionário Contemporâneo da Língua Portuguesa (Minidicionário contemporâneo da língua portuguesa); Veja; Jornal do Brasil; Os Sertões (Os sertões); A Origem das Espécies (A origem das espécies);

> **Saiba mais**
>
> Os títulos devem ser grafados em itálico.

▶ instituições de ensino: Universidade Federal do Rio de Janeiro, Universidade de São Paulo; Escola Técnica Nacional, Colégio Pedro II, Colégio Militar;

▶ pontos cardeais quando indicam regiões: os povos do Ocidente, o falar do Nordeste, os mares do Sul, a vegetação do Centro-Oeste;

> **Saiba mais**
>
> Os nomes dos pontos cardeais são grafados com a inicial minúscula quando indicam apenas direção ou limite geográfico: o sul de Sergipe; de norte a sul; de leste a oeste.

d) com formas de tratamento: D. (Dom ou Dona), Sr. (Senhor), Sr.ª (Senhora), DD. ou Dig.^{mo} (Digníssimo), MM. ou M.^{mo} (Meritíssimo), Rev.^{mo} (Reverendíssimo), S.E. (Sua Eminência), V. M. (Vossa Majestade), V. A. (Vossa Alteza), V. S.ª (Vossa Senhoria), V. Ex.ª (Vossa Excelência), V. Ex.ª Revm.ª (Vossa Excelência Reverendíssima).

> **Saiba mais**
>
> ▶ As titulações são grafadas com minúscula (*doutor*, *senhor doutor*, *bacharel*, *cardeal*, *coronel*), salvo quano ela substitui o próprio nome.
> ▶ As designações de nomes sagrados podem ser com letra maiúscula ou minúscula: *São (são) Judas Tadeu, Santo (santo) Antônio; Santa (santa) Edwiges.*
> ▶ As formas *senhor* e *senhora* grafam-se com letra minúscula quando substantivos comuns: Vi um *senhor* idoso atravessando a rua.
> ▶ Os pronomes que se referem a Deus, a Cristo e à Virgem Maria podem ser escritos com maiúscula ou com minúscula: Peça a Deus e *Ele (ele)* lhe concederá a graça.

e) siglas, símbolos ou abreviaturas: SENAI (Serviço Nacional de Aprendizagem Industrial), ONU (Organização das Nações Unidas); H_2O (água); S.O. ou S.W. (sudoeste).

f) atos das autoridades governamentais, quando empregados em correspondência ou documentos oficiais: Lei de 13 de maio, Decreto n.º 20.108, Portaria de 15 de junho, Regulamento n.º 737, Acórdão de 3 de agosto.

g) palavras que, no estilo epistolar, se dirigem a um amigo, a um parente, a uma pessoa respeitável, as quais, por deferência, consideração ou respeito, se queira realçar por esta maneira:
> Meu Amigo, Caro Colega, Prezado Mestre, Estimado Professor, Querido Pai, Distinta Diretora, Caro Doutor, Prezado Coronel.

h) nomes comuns sempre que personificados ou individualizados: o Amor, o Ódio, a Virtude, a Morte, o Lobo, o Cordeiro, a Cigarra, a Formiga, a Capital, a República, a Transamazônica, a Indústria, o Comércio.

i) nomes que designam artes, ciências, ou disciplinas podem ser escritos com inicial maiúscula ou minúscula: Agricultura (agricultura), Arquitetura (arquitetura), Educação Física (educação física), Língua Portuguesa (língua portuguesa).

Tira-dúvidas

1. *amazonense* ou *Amazonense*?

Escrevem-se com minúscula os nomes designativos de naturalidade (país, estado, município ou distrito): *brasileiro, amazonense, petropolitano* (Petrópolis), *fabricianense* (Coronel Fabriciano).

2. *Avenida Rio Branco* ou *avenida Rio Branco*?

Na denominação de logradouros públicos, a categorização deles pode vir com inicial maiúscula ou minúscula: Avenida (avenida) Rio Branco; *Rua (rua) Paissandu, Praça (praça) General Osório, Beco (beco) das Garrafas, Largo (largo) da Carioca*.

3. *Carnaval* ou *carnaval*?

Nomes de festas e festividades escrevem-se com inicial maiúscula: *Carnaval, Entrudo, Saturnais.*

4. *Centenário de Morte de Euclides da Cunha* ou *centenário de morte de Euclides da Cunha*?

Escreve-se com maiúscula por se tratar de fato histórico e importante, assim como *Bicentenário da Chegada da Família Real, Novo Acordo Ortográfico.*

5. **Ciência Política** ou **ciência política**?

Nomes que designam artes, ciências, ou disciplinas são grafados com inicial maiúscula ou minúscula: Desenho Industrial (desenho industrial); Física Nuclear (física nuclear); Linguística (linguística).

6. *Coroa* ou *coroa*?

Grafa-se com inicial maiúscula no sentido de poder real: *a Coroa portuguesa.* Entretanto, como substantivo comum, grafa-se com minúscula: *Napoleão Bonaparte colocou ele próprio a coroa na cabeça.*

7. *Cupido* ou *cupido*?

Grafam-se com maiúscula os nomes de entidades mitológicas: *Cupido, Baco, Afrodite, Eros.*

8. *General* ou *general*?

Grafam-se com inicial maiúscula ou minúscula as designações de patentes das forças armadas acompanhadas ou não de nomes próprios: General (general), Almirante (almirante), Brigadeiro (brigadeiro).

Saiba mais

Se a patente substitui o nome próprio, usa-se maiúscula: *Por favor, Coronel, resolva isso para mim.*

9. *Janeiro* ou *janeiro*?

Os meses do ano são escritos com inicial minúscula: *Viajo dia 13 de janeiro*.

10. *Lei de Diretrizes e Bases da Educação Nacional* ou *lei de diretrizes e bases da educação nacional*?

Escreve-se com maiúscula por ser ato de autoridades da República.

11. *Ocidente* ou *ocidente*?

O nome dos pontos cardeais quando designam regiões escreve-se com maiúscula: *produtos do Oriente*; o *Nordeste* (= nordeste do Brasil). Escrevem com minúscula quando designam direções ou limites geográficos: *Percorri o Brasil de norte a sul e de leste a oeste*.

12. *Papai Noel* ou *papai Noel*?

O personagem lendário que traz presentes na noite de Natal é com maiúscula: *Papai Noel*.

13. *Prezado Senhor* ou *prezado senhor*?

Escrevem-se ambas com inicial maiúscula por se tratar da evocação no estilo epistolar.

14. *Senhora* ou *senhora*?

Como forma de tratamento, grafa-se com maiúscula: *Dona Maria, vi a Senhora ontem no mercado*. Entretanto, como substantivo comum, grafa-se com letra minúscula: *Vi uma senhora idosa atravessando a rua*.

15. Sul ou sul?

Os nomes dos pontos cardeais quando indicam região escrevem-se com inicial maiúscula (*O Nordeste do Brasil*). Quando indica direção, emprega-se inicial minúscula (*Viajava de avião de norte a sul do País*.)

Exercícios (gabarito no final do livro)

1. Assinale a frase em que algumas palavras estão escritas IN-CORRETAMENTE, quanto ao emprego de iniciais maiúsculas.

   a) A resposta ao aluno João foi imediata.
   b) Visitei Belo Horizonte no final de semana.
   c) O engarrafamento da avenida Rio Branco atrapalhou a vida de todos.
   d) A passagem do bloco cacique de ramos levantou a arquibancada.
   e) A equipe do Museu Nacional estuda a língua dos índios da tribo Carajá.

2. Assinale a frase em que o emprego da letra maiúscula está CORRETO.

   a) O chefe do Estado brasileiro participou da reunião de cúpula em Berlim.
   b) Os alunos do senai participaram do evento.
   c) O brasil tem-se destacado no panorama mundial; o país é referência em campanhas de vacinação.
   d) No nordeste, as rendeiras têm exportado com êxito sua produção.
   e) O livro vidas secas é um marco na produção literária de Graciliano Ramos.

3. Observe o emprego de letra maiúscula das palavras e formule a regra correspondente: Terra, Lua, Ursa Maior, Júpiter, Cruzeiro do Sul, Estrela Polar.

4. O emprego da letra maiúscula nas palavras sublinhadas é opcional, EXCETO em

   a) Língua Portuguesa.
   b) Professor Celso Cunha.
   c) Catedral da Sé.
   d) Palácio da Cultura.
   e) São Judas Tadeu.

5. O emprego de iniciais maiúsculas é facultativo nos seguintes casos:

> I) em titulações: Presidente Luís Inácio Lula da Silva
> II) em atributos sagrados: Santo Agostinho.
> III) em acidentes geográficos: Oceano Pacífico.

É correto o que se afirma em

   a) I, apenas.
   b) I e II, apenas.
   c) I e III, apenas.
   d) II e III, apenas.
   e) I, II e III.

6. Depois de dois-pontos, pode-se usar letra maiúscula ou minúscula, dependendo do caso. Assinale a alternativa em que o emprego de letra maiúscula ou minúscula depois de dois-pontos NÃO está correto.

   a) "Viajo entre todas as coisas do mundo: homens, flores, animais, água" (Cecília Meireles)
   b) "E uma tarde um moleque chegou às carreiras, gritando: A cheia vem no engenho de seu Lula!" (José Lins do Rego)
   c) O motorista respondeu-lhe baixinho: eu sei. (Carlos Drummond de Andrade)
   d) Ternura ia subindo pelo elevador, quando Matias o segurou: Pela escada. Assim você tem mais tempo de reler a papeleta. (A. M. Machado)
   e) Existe apenas um recurso: Deus.

7. Complete a lacuna das palavras com letra maiúscula ou minúscula dependendo do seu emprego.

   a) __inistério das __elações ___xteriores.
   b) ___io São Francisco.
   c) ___om __asmurro.
   d) __latão.
   e) __olha de __. __aulo.

8. Assinale a alternativa em que todas as palavras estão corretamente grafadas.

   a) Frequentou uma universidade federal no Rio de Janeiro.
   b) Foi aluno brilhante da universidade federal do rio de janeiro.
   c) O colégio pedro II foi sempre referência no ensino brasileiro.
   d) A academia brasileira de letras referendou o novo acordo ortográfico.
   e) Fomos assistir a uma competição de ginástica no clube de regatas do Flamengo.

9. Observe o emprego das iniciais nas palavras sublinhadas e formule a regra correspondente.

   a) O Brasil é bonito de norte a sul.
   b) A bússola aponta sempre para o norte.
   c) O Centro-Oeste brasileiro é rico em grãos.
   d) Os povos do Oriente detêm cultura milenar.
   e) A produção cinematográfica do Sudeste brasileiro tem crescido.

10. Avalie as seguintes afirmações: o emprego de letra maiúscula é obrigatório

   I) no início de período ou de frase.
   II) em substantivos próprios de qualquer espécie.
   III) em entidades mitológicas, religiosas e astronômicas.
   IV) em formas de tratamento.
   V) nos meses do ano e dias da semana.

É correto o que se afirma em

   a) I e II apenas.
   b) I, II e III apenas.
   c) II, III e IV, apenas.
   d) I, II, III e IV, apenas.
   e) todas.

5. DIVISÃO SILÁBICA DO VOCÁBULO

Para realizar corretamente a divisão silábica do vocábulo, especialmente na mudança de linha (translineação), o princípio básico a ser seguido é o da pausa entre as sílabas (silabação) e não o da formação da palavra. Assim, a divisão silábica de *bisavó* (formada pelos elementos: *bis* + *avó*), leva em conta o fato de se perceberem três sílabas na elocução pausada do vocábulo: bi - sa - vó.

Critérios a serem seguidos:

Não se separam

a) os sons vocálicos de ditongos crescentes e decrescentes e de tritongos:
fú-ria, sé-rie, vá-rios, ré-gua, té-nue, vá-cuo;
mui-to, ca-dei-ra, he-roi-co, quais, sa-guões.

b) os grupos consonânticos formados com *r* ou *l*:
bra-ço, dra-ma; de-clí-nio, pla-ti-na.

c) os grupos consonânticos *pn*, *ps*, *gn*, *mn*, quando iniciam palavra.
pneu-má-ti-co; psi-co-lo-gi-a; gno-mo; mne-mô-ni-ca.

d) os dígrafos *ch*, *lh* e *nh*:
con-cha; fi-lho; ma-nha.

e) os dígrafos *gu* e *qu*:
al-guém; que-ri-do.

f) o *-s* e o *-x* dos prefixos *bis-*, *cis-*, *des-*, *dis-*, *trans-*, *ex-*; quando a sílaba seguinte começa por consoante:
bis-ne-to, cis-pla-ti-no, des-li-gar, dis-jun-to, trans-por-te, ex-po-en-te.

> **Saiba mais**
>
> Se a palavra primitiva começar por *vogal*, o *s* e o *x* dos prefixos formam sílaba com tal vogal e separam-se do resto do prefixo: bi-sa-vô; ci-san-di-no; de-sen-ten-di-men-to; di-sen-te-ri-a; tran-sa-tlân-ti-co; e-xo-ne-rar.

g) as letras -*b* e -*d* dos prefixos *sub-*, *ad-* e *ab-*, quando a palavra primitiva iniciar-se por consoante:
sub-li-mi-nar; ad-li-gar; ab-rup-to.

Separa(m)-se

a) as vogais que formam hiato:
ca-a-tin-ga; co-or-de-na-ção; sa-ú-de; ca-í-mos; mo-e-da; ca-o-lho; tran-se-un-te.

b) os encontros consonantais — *tm, dv, bs, pt, ps, gn* — no interior do vocábulo:
rit-mo; ad-vo-ga-do; ab-so-lu-to; ap-to; si-nop-se, dig-no.

c) as letras dos dígrafos *cc, cç, sc, sç, xc, ss, rr*:
oc-ci-pi-tal; con-vic-ção; nas-cer; nas-ça; ex-ce-ção; mas--sa; car-ro.

d) a letra -*b* do prefixo *sub-*, quando a palavra primitiva iniciar-se por vogal:
su-ben-ten-der, su-bá-rea.

> **Saiba mais**
>
> Na translineação de vocábulo composto, ligado por hífen, se a divisão acontecer exatamente no encontro dos dois vocábulos primitivos, aconselha-se repetir na linha seguinte o hífen:

> guarda- / -chuva.
> Aconselha-se evitar, por razões estéticas, vogal isolada no *final* ou no *início* de linha, na translineação:
> evo- /car (não e- / vocar),
> re- / caí (e não reca- / í).

Tira-dúvidas

1. *Ab-di-car* ou *a-bdi-car*?

A separação correta é *ab-di-car*, caso em que prevalece o princípio de formação das palavras; logo não se separam elementos do prefixo: *ab-du-ção, sub-lin-gual, ad-ven-tis-ta*.

2. *Ab-rup-ta-men-te* ou *a-brup-ta-mente*?

A separação correta é *ab-rup-ta-men-te*. O prefixo *ab-* pronuncia-se separadamente na palavra primitiva: *ab-rup-ta-men-te* (e não *a-brup-ta-men-te*), *ab-rup-to* (e não *a-brup-to*).

3. *A-do-les-cen-te* ou *a-do-le-scen-te*?

A separação correta é *a-do-les-cen-te*, porque se separam as letras dos encontros consonantais e dos dígrafos *cc, cç, sc, sç, xc, ss, rr*: *fric-cio-nar; fic-ção; nas-ça; ex-ce-to, os-so; car-ro*.

4. *Ad-ro-gar* ou *a-dro-gar*?

A separação correta é *ad-ro-gar*. Trata-se de uma exceção à regra geral (*dra-gão*). Neste caso, prevalece o princípio de formação das palavras e não se separa a consoante do prefixo *-ad*, se ele é seguido de palavra iniciada por *r* ou *l*: *ad-li-ga-do, ad-le-ga-ção*.

> *Saiba mais*
>
> Como *ad*, também os prefixos *ab-, ad-, sub-* não juntam sua consoante final à letra inicial da palavra primitiva. Assim: *ab-rup-to, ad-li-gar, sub-li-nhar*.

5. *Ad-vo-ga-do* ou *a-dvo-ga-do*?

A separação correta é *ad-vo-ga-do*. Os encontros consonantais — *bs, dv, gn, ps, pt, tm* —, no interior do vocábulo, separam-se: *ab-so--lu-to, ad-ver-tir, dig-ni-da-de, a-po-ca-lip-se, rit-mo, ap-ti-dão, rit-mo*.

6. *A-ve-ri-gueis* ou *a-ve-ri-gu-eis*?

A separação correta é *a-ve-ri-gueis*. Tritongos (=três sons vocálicos pronunciados numa só emissão de voz) não se separam: *Pa-ra-guai, quais-quer, en-xá-guam*.

7. *Ca-ri-nho* ou *ca-rin-ho*?

A separação correta é *ca-ri-nho*. Não se separam os dígrafos *nh, ch* e *lh*: *ni-nho; con-cha; fi-lho*.

8. *E-qua-cio-nar* ou *e-qu-a-ci-o-nar*?

A separação correta é *e-qua-cio-nar*, porque não se separam os sons vocálicos de ditongos crescentes: *I-gua-çu; lí-rio*.

9. *Ex-cep-cio-nal* ou *ex-ce-pcio-nal*?

A separação correta é *ex-cep-cio-nal*. O encontro consonantal *pc*, no interior do vocábulo, separa-se, à semelhança de *rit-mo, ad-ver--tir, ap-ti-dão, a-po-ca-lip-se, ab-so-lu-to*.

10. *Gno-se* ou *g-no-se*?

A separação correta é *gno-se* (= conhecimento perfeito das coisas divinas). Os grupos consonânticos *gn, pn, ps, mn*, quando iniciam palavra, não se separam: *gnais-se, pneu-má-ti-co, psi-co-se*.

11. *I-dei-a* ou *i-de-ia*?

A separação correta é *i-dei-a*, porque não se separam os sons vocálicos de ditongos decrescentes: *pla-tei-a, pa-ra-noi-a, ani-mais*.

12. *In-ters-tí-cio* ou *in-ters-tí-ci-o*?

A separação preferida é *in-ters-tí-cio*, porque evita-se separar os ditongos crescentes em final de palavra: *cá-rie, co-lé-gio*.

13. *Ma-cei-ó* ou *Ma-ce-ió*?

A separação preferida é *Ma-cei-ó*. O *i* forma ditongo com *e* não com *o*; logo vale a primeira forma. Situações análogas: *i-dei-a, pin-céis*.

14. *Nas-cer* ou *na-scer*?

A separação correta é *nas-cer*. Os encontros *cc, cç, sc, sç, xc, ss, rr*, separam-se: *oc-ci-pi-tal; con-vic-ção; cres-ci-men-to; cres-ça; ex-ce-ção; mas-sa; car-ro*.

15. *Pneu-mo-lo-gi-a* ou *p-neu-mo-lo-gi-a*?

A separação correta é *pneu-mo-lo-gi-a*. Há que destacar dois casos nessa palavra: a não separação dos grupos consonânticos *pn, ps, gn, mn*, no início da palavra, e a separação das vogais do hiato (*gi-a*).

16. *Psi-co-lo-gi-a* ou *p-si-co-lo-gi-a*?

A separação correta é *psi-co-lo-gi-a*. A consoante inicial desacompanhada de vogal não se separa da consoante seguinte: *pneu-má-ti-co, psi-co-se, mne-mô-ni-co, gno-mo*.

17. *Ru-im* ou *ruim*?

A separação correta é *ru-im*. Separam-se as vogais de um hiato, sejam ou não idênticas, recaiam ou não em sílaba tônica: *ca-a-tin-ga, co-or-de-na-ção, fi-el, ra-i-nha, sa-ú-de, ca-í-mos, ru-í-do, a-in-da*.

18. *Sé-rie* ou *sé-ri- e*?

As duas formas de separação estão corretas. Quando a sílaba final do vocábulo apresentar encontro vocálico átono após uma sílaba tônica, pode-se dividi-lo (com a formação de um hiato) ou não (com a formação de um ditongo crescente). A preferência é considerar esse encontro vocálico um ditongo crescente: *á-rea, cá-rie, tê-nue, lon-gín-quo*.

19. Sub-li-nhar ou su-bli-nhar?

A separação correta é sub-li-nhar. Ficam em sílabas distintas as consoantes *b* e *l* porque os elementos dos prefixos *sub-*, *ab-* e *ad-* não se separam: *sub-lin-gual*, *sub-ro-gar*, *ab-rup-to* (e não *a-brup-to*), *ad-le-ga-ção*.

20. Tran-sa-tlân-ti-co ou trans-a-tlân-ti-co?

A separação correta é *tran-sa-tlân-ti-co*. Com os prefixos *trans-*, *bis-*, *cis-*, *des-*, *dis-*, se a palavra primitiva começar por vogal, o *s-* forma sílaba com essa vogal: *bi-sa-vô*, *ci-san-di-no*, *de-sen-ten-di-men-to*, *di-sen-te-ri-a*.

Exercícios (gabarito no final do livro)

1. A alternativa cuja separação silábica de todas as palavras está correta é

   a) rio, sa-iu, sa-ú-de.
   b) meio, frei-o, mais.
   c) cau-sa, prai-a, ruim.
   d) tá-bua, tra-i-ção, sé-rie.
   e) co-lé-gio, e-xer-cí-cio, i-gua-is.

2. As sílabas dos vocábulos estão separadas corretamente em

   a) ab-rup-ta-men-te, sub-lin-gual, tran-sa-tlân-ti-co.
   b) mil-ho, ad-mis-são, ex-ce-ção.
   c) pers-pec-ti-va, ad-ver-si-da-de, pneu-mo-nia.
   d) si-gni-fi-ca-do, su-pers-tição, su-bli-nha-do.
   e) sub-li-me, en-xa-guou, cir-cuns-cri-to.

3. As sílabas dos vocábulos estão separadas corretamente, exceto em

   a) U-ru-guai, sus-ci-tar, sa-ú-va.
   b) a-tmos-fe-ra, e-gí-pcio, dis-cí-pu-lo.
   c) pneu-má-ti-co, ap-nei-a, pers-pec-ti-va.
   d) ad-vo-gar, dig-ni-da-de, so-ci-al.
   e) bi-sa-vó, car-ri-nho, mag-ní-fi-co.

4. Separe as sílabas dos vocábulos: *abscesso, aptidão, fricção, advogado, indignação, caias, duelo, ódio, cruéis, jesuíta, equivale, jamais.*

5. A alternativa cuja separação silábica de todas as palavras está INCORRETA é

    a) pers-pec-ti-va, gno-mo, rit-mo.
    b) ex-ce-ção, a-len-te-ja-no, e-qui-ta-ção.
    c) pneu-mo-tó-rax, bra-ça-da, ca-rac-te-res.
    d) dis-pe-psi-a, gra-ssar, mi-cro-bio-lo-gi-a.
    e) grão, gra-ú-na, len-ga-len-ga.

6. Assinale a alternativa cuja separação silábica de todas as palavras está correta.

    a) sub-lin-gual, trans-por, tran-sa-tlân-ti-co.
    b) a-brup-to, con-vic-ção, pre-sas.
    c) ad-vo-gar, a-dli-gar, ab-sur-do.
    d) ci-san-di-no, bis-a-vô, cá-rie.
    e) psi-co-lo-gia, su-bli-mar, ru-im.

7. Assinale, nas opções a seguir, aquela em que, na separação silábica dos dois vocábulos, prevalece o princípio da formação de palavras e, consequentemente, não se separa a consoante do prefixo:

    a) transação, advogado.
    b) subrogação, abrupto.
    c) ruptura, desentendimento.
    d) remediar, dialogar.
    e) exclamação, exceção.

8. Dadas as palavras: 1) *des-a-ten-to*; 2) *sub-es-ti-mar*; 3) *trans-tor-nar*, observamos que a separação silábica está correta em

    a) 1, apenas.
    b) 2, apenas.
    c) 3, apenas.
    d) todas as palavras.
    e) nenhuma das palavras.

9. Observe a separação das sílabas das palavras abaixo e formule a regra: 1) *sub-li-nhar*; 2) *sub-ro-gar*; 3) *ab-ro-gar*; 4) *ab-rup-to*; *sub--ba-se*.

10. Separe as sílabas das seguintes palavras:

    a) subchefe.
    b) subentender.
    c) subliminar.
    d) subreptício.
    e) subsolo.

6. GÊNERO E NÚMERO DOS NOMES

GÊNERO

Em português, os nomes caracterizam-se por um gênero, que pode ser indicado por artigo:
a mesa, *o* livro;
ou por terminação específica para indicar o sexo:
o gat*o*/a gat*a*, o professor/a professor*a*, o ator/a at*riz*, o herói/ a hero*ína*, o galo/a gal*inha*.

Os substantivos terminados em -*a* geralmente são femininos e os terminados em -*o*, masculinos:
a criança, o apóstolo.

Há, no entanto, substantivos com

▶ terminação -*a* que são masculinos (geralmente derivam de nomes gregos em -*ema* e -*oma* ou indicam atividade tradicionalmente exercida por homem):
o telefonema; o diploma; o eremita; o jesuíta.

▶ uma só forma para os dois gêneros (comum de dois gêneros), marcados pelo determinante:
o (a) colega, este (esta) artista.

▶ um só gênero para os dois sexos
sobrecomum (seja homem ou mulher): a vítima, o *indivíduo*);
epiceno (seja macho ou fêmea): *o jacaré, a cobra*.

Terminações mais comuns de feminino:

a) -a:
mestre, mestra; inglês, inglesa; cru, crua;
b) -eia:
hebreu, hebreia; ateu, ateia;
c) -esa:
barão, baronesa; príncipe, princesa;

d) -essa:
    abade, abadessa; conde, condessa;
e) -ina:
    herói, heroína; czar, czarina;
f) -isa:
    poeta, poetisa; píton, pitonisa;
g) -triz:
    imperador, imperatriz; ator, atriz;
h) -ã:
    irmão, irmã; anão, anã;
i) -oa:
    pavão, pavoa; leão, leoa;
j) -ona:
    solteirão, solteirona; valentão, valentona;
l) -eira:
    frei, freira; cerzidor, cerzideira.

Saiba mais

Há substantivos que apresentam um significado no masculino e outro no feminino:
    o cabeça (o líder), a cabeça (parte do corpo);
    o cisma (a separação), a cisma (desconfiança);
    o grama (peso), a grama (vegetal);
    o cura (pároco), a cura (ato de curar);
    o moral (ânimo), a moral (princípios éticos);
    o caixa (pessoa), a caixa (objeto);
    o rádio (aparelho), a rádio (estação).

Tira-dúvidas

1. *A cal* ou *o cal*?

    A forma correta é *a cal*. Também são femininos:
        a alface, a dinamite, a ênfase, a omoplata, a sentinela.

2. *Charlatã* ou *charlatona*?

    As duas formas estão corretas e expressam o feminino de *charlatão*. Algumas palavras terminadas em *-ão* apresentam mais de uma terminação no feminino:
        vilã, viloa (para *vilão*); anfitriã, anfitrioa (para anfitrião).

3. *Econômico-financeira* ou *econômica-financeira*?

No adjetivo composto, a desinência de feminino recai apenas no segundo elemento:
> econômico-financeira, político-cristã.

4. O *guaraná* ou a *guaraná*?

A forma correta é *o guaraná*. Também são masculinos os vocábulos:
> o alvará, o champanhe, o clã, o dó, o eclipse, o suéter.

5. A *hepatite* ou o *hepatite*?

A forma correta é *a hepatite*. São femininos os vocábulo em *-ite* que designam inflamação de algum órgão:
> a apendicite, a bronquite, a laringite, a otite, a rinite.

6. O *personagem* ou a *personagem*?

As duas formas são aceitas. Da mesma forma pode-se dizer:
> o diabete, a diabete.

7. *Presidente* ou *presidenta*?

As duas formas são aceitas, embora a formação da palavra aponte para a forma *presidente*, assim como *estudante, amante, ouvinte*.

NÚMERO

Em português, geralmente os nomes apresentam uma forma para o singular e outra para o plural. A maioria dos nomes recebe um *-s* para marcar o plural:
> café, cafés; cru, crus; gato, gatos; pai, pais; mãe, mães.

Há, no entanto, alguns nomes no singular terminados em *-s*, que ficam invariáveis no plural:
> o lápis, os lápis; o pires, os pires.

Cabe, ainda, observar que há substantivos que

▶ apresentam um significado no singular e outro no plural:
a féria (quantia recebida) ou as férias (descanso);
a costa (litoral) ou as costas (parte do corpo).

▶ são usados apenas no plural:
exéquias, núpcias, parabéns, óculos, olheiras, víveres, cãs, anais, pêsames, fezes e os naipes do baralho (paus, espadas, ouros e copas).

A maioria dos substantivos abstratos não se pluraliza (*ódio*, *raiva*, *egoísmo*). No entanto, podem ser empregados no plural para indicar intensidade:
ódios, dores, saudades, ciúmes, carinhos.

Terminações de plural:

a) -s (em palavras terminadas em vogal e ditongos):
livro, livros; degrau, degraus; jóquei, jóqueis; irmão, irmãos; vício, vícios;

b) -es (geralmente em palavras terminadas em *-r*, *-s*, *-z*):
par, pares ; inglês, ingleses; rês, reses; juiz, juízes;

c) -ns (geralmente em palavras terminadas em *-m*):
álbum, álbuns; item, itens; hífen, hifens;

d) -is (em palavras terminadas em *-al*, *-el*, *-il* tônico, *-ol*, *-ul*):
jornal, jornais; papel, papéis; funil, funis; lençol, lençóis; álcool, álcoois; paul, pauis;

e) -eis (em palavras terminadas em *-il* átono):
fóssil, fósseis; estêncil, estênceis;

f) -ães (plural de algumas palavras terminadas em *-ão*):
alemão, alemães; pão, pães; tabelião, tabeliães;

g) -ões (plural da maioria das palavras terminadas em *-ão*):
casarão, casarões; leão, leões; papelão, papelões;

h) -ãos (plural de algumas palavras terminadas em *-ão*):
irmão, irmãos; mão, mãos; cortesão, cortesãos.

> **Saiba mais**
>
> ▶ A terminação mais frequente, empregada para o plural dos aumentativos, é *-ões*:
>   valentão, valentões; homenzarrão, homenzarrões.
> ▶ Algumas palavras em *ão* admitem mais de uma terminação no plural:
>   anciãos, anciães, anciões (para ancião); vilão, vilães, vilões (para vilão); sultãos, sultões, sultães (para sultão).
> ▶ Um recurso para distinguir algumas terminações específicas de plural é observar, na derivada da palavra, a terminação da primitiva:
>   pão (<panificação) – ani – pães;
>   mão (<manufatura) – anu – mãos;
> ▶ Geralmente as paroxítonas fazem o plural em -ãos:
>   acordãos, bênçãos, órgãos.

Tira-dúvidas

1. *Corrimãos* ou *corrimões*?

    As duas formas são corretas. Do mesmo modo:
        charlatães, charlatões (para *charlatão*).

2. *Fax* ou *faxes*?

    Palavras terminadas em *-x* apresentam uma única forma para o singular e o plural, variando apenas o artigo, ou outro determinante:
        o fax, os fax; o tórax, os tórax; o xerox nítido, os xérox nítidos.

> **Saiba mais**
>
> O vocábulo inglês *box* (cujo significado é *compartimento para banho de chuveiro*) foi aportuguesado em *boxe* e, consequentemente, seu plural é *boxes*.

3. *Pulôveres* ou *pulôvers*?

    A forma correta é *pulôveres*. Do mesmo modo, *hambúrgueres* (para *hambúrguer*), *suéteres* (para *suéter*), *juniores* (para *júnior*), *seniores* (para *sênior*).

> **Saiba mais**
>
> Em *juniores* e *seniores*, a sílaba tônica é o (ô, fechado) e esses plurais tornam-se paroxítonos pelo deslocamento da tônica.

4. *Répteis* ou *reptis*?

As duas formas estão corretas, porque são, respectivamente, plural de *réptil* e *reptil* (variantes fonéticas). A mais frequente é *répteis*. Caso semelhante ocorre com *projétil* (*projéteis*) e *projetil* (*projetis*).

Plural dos substantivos compostos

O plural dos substantivos compostos sem hífen segue as regras dos simples:
    vaivéns, passatempos, aguardentes.

Embora não seja questão fechada, em alguns casos, os compostos com hífen obedecem a regras especiais, em função dos seus elementos formadores. Quando

▶ ambas as palavras são variáveis (substantivo e/ou adjetivo), usa-se o -s após cada uma:
    as obras-primas, as couves-flores, os salvos-condutos;

▶ a primeira palavra é invariável (advérbio) ou é verbo, só a segunda varia:
    as sempre-vivas, os guarda-roupas, os bate-bocas;

▶ a segunda palavra especifica a primeira, só esta varia:
    as escolas-modelo, os navios-escola;

▶ a primeira palavra é verbo e a segunda invariável, nada se altera:
    os cola-tudo, os pisa-mansinho, os bota-fora;

▶ as palavras se ligam por preposição, só varia a primeira:
    as mulas sem cabeça, os chapéus de sol;

▶ os compostos são adjetivos, geralmente só a última palavra varia:
    os acordos luso-brasileiros; os dialetos indo-europeus.

> **Saiba mais**
>
> Fogem à regra os adjetivos referentes a cores, que são invariáveis (vestidos *azul-violeta*, ternos *azul-marinho*), e o adjetivo *surdo--mudo,* que apresenta variação nos dois elementos(meninos *surdos-mudos*).

Tira-dúvidas

1. *Abaixo-assinados* ou *abaixos-assinados*?

O plural correto é *os abaixo-assinados*: só o segundo elemento varia; o primeiro (advérbio) é forma invariável. Flexão semelhante para vice-presidentes; sempre-vivas.

2. *Bota-fora* ou *botas-fora*?

O plural correto é *os bota-fora*, porque o primeiro elemento é verbo e o segundo, advérbio. Assim também:
os pisa-mansinho; os cola-tudo.

3. *Caracteres* ou *caráteres*?

O plural de *caráter* é *caracteres*, com deslocamento do acento e restabelecimento do *-c-*.

4. *Corres-corres* ou *corre-corres*?

As duas formas são corretas porque se trata de formas verbais repetidas. O mesmo para:
pisca-piscas ou piscas-piscas, puxa-puxas ou puxas-puxas, quebra-quebras ou quebras-quebras, quero-queros ou queros-queros.

> **Saiba mais**
>
> Nos vocábulos onomatopaicos (os que imitam os sons naturais da coisa significada, com repetição total ou parcial do primeiro elemento), a flexão ocorre apenas no último elemento:
> os tico-ticos, os tique-taques, os reco-recos.

5. *Couves-flores* ou *couves-flor*?

O plural correto é *couves-flores*, porque ambos os elementos são variáveis. O mesmo para:
>segundas-feiras, gentis-homens, guardas-noturnos.

6. *Ferros-velhos* ou *ferro-velhos*?

A forma correta é *ferros-velhos*, porque ambos os elementos são nomes (substantivo+adjetivo) e, pois, variáveis.

7. *Florezinhas* ou *florzinhas*?

A forma correta é *florezinhas:* o substantivo recebe *-es* no plural (*flores*) e, na forma diminutiva, o *-s* se desloca para depois do sufixo diminutivo. Outros exemplos:
>papelzinho (papeizinhos), pastelzinho (pasteizinhos), pãozinho (pãezinhos), cãozinho (cãezinhos).

8. *Guarda-roupas* ou *guardas-roupas*?

O plural correto é *guarda-roupas,* porque o primeiro elemento é verbo e o segundo, nome, como em:
>para-raios, lava-louças, guarda-costas, porta-luvas, porta-malas, porta-aviões, toca-fitas, tira-dúvidas.

Saiba mais

Se depois da palavra *guarda* vier um substantivo, só este irá para o plural (guarda-chuvas); se vier um adjetivo, ambos vão para o plural (guardas-florestais).

9. *Jogos* (ó, som aberto) ou *jogos* (ô, som fechado)?

A forma correta é jogos (ó): algumas palavras com vogal tônica fechada no singular passam a ter vogal tônica aberta, no plural:
>povo(ô), povos(ó); ovo(ô), ovos(ó).

> **Saiba mais**
> Na dúvida, observe se, na forma terminada em -*a*, a vogal tônica é aberta; então o plural apresentará também vogal tônica aberta:
> ovo (ô)   ova (ó)   ovos (ó);
> porco (ô) porca (ó) porcas (ó).

10. *Papais-noéis* ou *papais-noel*?

Como personagem lendário não se emprega no plural (Papai-Noel). Referindo-se às pessoas assim fantasiadas, o plural é *papais-noéis*, com letra minúscula.

11. *Pés de moleque* ou *pés de moleques*?

O plural correto é *pés de moleque*. Quando os termos da composição se ligam por preposição, só o primeiro varia:
> chapéus de sol, pães de ló, mulas sem cabeça, luas de mel.

12. *Político-sociais* ou *políticos-sociais*?

No adjetivo composto, o plural recai apenas no segundo elemento:
> político-sociais, democrata-cristãos, econômico-financeiras.

> **Saiba mais:**
> O mesmo ocorre se essas palavras forem empregadas como substantivos: *os democrata-cristãos, os anglo-saxões*.

13. *Pores do sol* ou *pôr do sol*?

O plural correto é *pores do sol*, porque são dois substantivos ligados por preposição; logo varia apenas o primeiro elemento. Assim como *pontos de vista*.

14. *Quintas-feiras* ou *quintas-feira*?

A forma correta é *quintas-feiras*, porque se pluralizam o numeral e o substantivo.

15. *Salários-família* ou *salários-famílias*?

As duas formas são aceitas: quando o segundo elemento, substantivo, especifica o primeiro, geralmente flexiona-se o primeiro. A gramática aceita também flexão nos dois elementos:
navios-escola ou navios-escolas, papéis-moeda ou papéis-moedas, mangas-espada ou mangas-espadas.

Exercícios (gabarito no final do livro)

1. Indique o gênero dos substantivos a seguir, colocando F ou M nos parênteses que os precedem; e colocando O/A se o substantivo for comum de dois gêneros:

( ) glaucoma ( ) jesuíta   ( ) comportamento
( ) reflexão ( ) lenha   ( ) moral (regras de conduta)
( ) colega   ( ) telefonema ( ) trevas

2. Retire, da lista a seguir, dois substantivos em que a mudança de gênero implica significados distintos: *moral, presidente, jornada, lente, eclipse, artista, atriz, lebre*.

3. Passe para o feminino as frases a seguir, mantendo o substantivo masculino quando o sentido da frase o exigir:

   a) O profeta e o ermitão visitaram o czar.
   b) O língua e o caçador caçaram o grou.
   c) O rapaz encontrou muitos pigmeus nas terras do cura.
   d) Infelizmente, há poucos senadores impolutos nas terras do barão.
   e) O sacerdote e o guri visitaram o frei e o ancião.

4. Passe para o plural as frases a seguir, fazendo as devidas concordâncias:

   a) O mal do país só se cura com ação honesta.
   b) O funil estava na toca do réptil.
   c) Exija o troco em sua transação comercial, quando houver.
   d) A criança trazia seu troféu: a mão cheia de tostãozinho.
   e) Aquela florzinha é do pé de couve-flor?

5. Passe para o singular as frases a seguir, fazendo as devidas concordâncias:

   a) Os pseudoartistas fizeram exames das mãos.
   b) Os guardas-marinhas foram punidos pelos comandantes.
   c) Com os salários-família os corruptos compraram terrenos.
   d) Os troca-tintas sujaram os vestidos azul-turquesa das meninas.
   e) Os rapazes e as moças devem obedecer aos cânones religiosos.

6. Assinale o item em que o plural é inadequado:

   a) guardas-mores.
   b) pisca-piscas.
   c) chapéus de sol.
   d) troféis.
   e) açúcares.

7. Assinale o item em que se pode usar o artigo definido feminino com todas as palavras.

   a) grafema – artista – telefonema.
   b) criança – vítima – sósia.
   c) cal – eclipse – diabetes.
   d) clã – elipse – cobra.
   e) testemunha – criatura – vigilância.

8. Assinale o item em que o plural de todos os substantivos compostos está correto.

   a) peixes-espadas, arcos-íris.
   b) mapas-múndi, bombas-relógios.
   c) casas-grandes, amores-perfeitos.
   d) guardas-chuvas, papéis-moedas.
   e) pombos-correios, porcos-espinhos.

9. Há substantivos que apresentam outro sentido, pela mudança de número. Dê o sinônimo dos substantivos sublinhados em

    a) Gastou os <u>cobres</u> que ele herdou.
    b) Vendeu os <u>bens</u> que recebera de herança.
    c) Desperdiçou toda a <u>féria</u> de um dia na feira.
    d) Procurou em vão o <u>óculo</u> do relógio.
    e) A maior preocupação do maestro eram as <u>cordas</u>.

10. Passe para o plural apenas as expressões destacadas nas frases a seguir:

    a) O professor catalogou "alguma espécimen rara" de planta.
    b) O pedreiro quebrou "o corrimão" da escada da casa "do cortesão".
    c) "O farol iluminava o réptil no paul."
    d) Os jovens gostavam "do refrão" da música sacra.
    e) A empresa contratou "analista sênior" e "júnior".

7. PRONOMES

PRONOMES são palavras que nomeiam os seres indiretamente, por referência às pessoas do discurso (pronomes pessoais), ou modificam os substantivos ampliando-lhes o significado (posse, localização no tempo e/ou espaço, indefinição, interrogação, relação com outro), podendo acompanhar o nome (pronome adjetivo) ou substituí-lo (pronome substantivo) na frase:

Alguém acordou-*me* bem cedo, para *eu* chegar a tempo. (pronome substantivo; pronome pessoal)
Algum ruído despertou-me bem cedo. (pronome adjetivo)

Os pronomes exercem papel fundamental nas interações verbais. São eles que indicam as pessoas do discurso, expressam formas sociais de tratamento e substituem, acompanham ou retomam palavras e orações já expressas. Contribuem, desse modo, para garantir a síntese, a clareza, a coerência e a coesão do texto.

Saiba mais

- ▶ Não confunda pronome com advérbio:
    Ela fala *muito*. (intensifica o verbo *falar* ⟹ advérbio)
    Ela é *muito* estudiosa. (intensifica o adjetivo *estudiosa* ⟹ advérbio)
    Chegou *muito* cedo. (intensifica o advérbio *cedo* ⟹ advérbio)
    Ela tem muitos amigos e muitos são professores.
    .... *muitos* amigos... (quantifica o substantivo *amigos* ⟹ pronome adjetivo)
    ... *muitos* são professores. (substitui o substantivo *amigos* ⟹ pronome substantivo)
- ▶ Também com *mais* e *bastante* podem-se confundir advérbio e pronome:
    Brinca *mais* do que lê. (intensifica o verbo *brincar* ⟹ advérbio)
    Quero ser *mais* aplicada. (intensifica o adjetivo *aplicada* ⟹ advérbio)

> Chegou *mais* cedo. (intensifica o advérbio *cedo*
> ⟹ advérbio)
> Quero *mais* sorvete. (quantifica o substantivo *sorvete*
> ⟹ pronome adjetivo)
> Você falou *bastante*. (intensifica o verbo *falar*
> ⟹ advérbio)
> Ela é *bastante* estudiosa. (intensifica o adjetivo *estudiosa*
> ⟹ advérbio)
> Chegou *bastante* cedo. (intensifica o advérbio *cedo*
> ⟹ advérbio)
> Ela tem *bastantes* amigos. (quantifica o substantivo
> *amigos* ⟹ pronome adjetivo)

Há seis espécies de pronomes: pessoais, possessivos, demonstrativos, relativos, interrogativos e indefinidos. Dos pronomes relativos fala-se no capítulo 11 (Conectivos).

A) Pronomes pessoais indicam as três pessoas do discurso: o emissor, o receptor e o assunto. São eles:

RETOS		OBLÍQUOS	
		ÁTONOS	TÔNICOS
1.ª p.sing.	eu	me	mim, comigo
2.ª p.sing.	tu	te	ti, contigo
3.ª p.sing.	ele	o, a, lhe, se	ele, ela; si; consigo
1.ª p.pl.	nós	nos	nós, conosco
2.ª p.pl.	vós	vos	vós, convosco
3.ª p.pl.	eles	os, as, lhes, se	eles, elas; si; consigo

> *Ela* vai ao mercado. (*ela* = pronome pessoal reto; sujeito)
>
> Vou com *ela* ao mercado. (*ela* = pronome pessoal oblíquo tônico; adjunto adverbial)
>
> Fui ao mercado, mas não *a* vi. (*a* = pronome pessoal oblíquo átono; objeto direto)

Tira-dúvidas

1. *Conosco* ou *com nós*?

As duas formas são possíveis:

▸ *conosco*, quando não há especificação para o pronome:
O melhor profissional trabalhará *conosco*.

▸ *com nós* emprega-se antes das palavras especificativas *todos, mesmos, próprios* e antes de numerais:
Fale *com nós* mesmos.
Precisa falar *com nós* dois?
Falará *com nós* ambos?

> **Saiba mais**
>
> O mesmo procedimento se aplica a *convosco* e *com vós*:
> Precisamos falar *convosco*.
> Precisamos falar *com vós* todos.

2. *Consigo* ou *contigo*?

Consigo é pronome reflexivo de 3.ª pessoa; *contigo* é pronome de 2.ª:
Ele vai levar esse segredo *consigo* para o céu. (= com ele mesmo)
Paulo quer falar *contigo*, Fernando; tu o conheces?

> **Saiba mais**
>
> ▸ Se alguém fala com outra pessoa, não é possível empregar o pronome reflexivo *consigo*:
> Preciso falar *com você* (e não *Preciso falar consigo*, com o pronome reflexivo).
>
> ▸ Não se deve confundir o emprego de *si*, pronome reflexivo de 3.ª pessoa, com o pronome de tratamento *você*:
> Reservou o livro para *si*. (para a pessoa mesma, de quem se fala)
> Reservei o livro para *você*. (para a pessoa com que eu falo)

3. *Lhe* ou seu/sua?

Emprega-se o pronome *lhe* com valor de possessivo (= seu, sua, dele, dela), para maior harmonia da frase:
>Sujou-*lhe* a calça com tinta. (sujou a calça *dele*...; sujou a *sua* calça)

> **Saiba mais**
>
> Esse recurso se aplica às outras pessoas do pronome possessivo (*me* = meu e flexões; *te* = teu e flexões; *nos* = nosso e flexões; *vos* = vosso e flexões.):
>> Sujou-*me* a calça com tinta. (sujou *minha* calça)
>> Pisei-*te* o pé? (pisei *teu* pé?)
>> Ofendeu-*nos* os brios. (ofendeu *nossos* brios)

4. *O* ou *lhe*?

- usa-se *o* (*a, os, as*) para objeto direto:
  >O professor sempre *o* auxiliou. (O verbo *auxiliar* pede objeto direto: *auxiliar o aluno*)

- usa-se *lhe* (*lhes*) para objeto indireto:
  >Aos professores, o aluno *lhes* obedece. (O verbo *obedecer* pede objeto indireto: *obedecer aos professores, aos regulamentos*)

5. *Para eu* ou *para mim*?

- precedido de preposição, usa-se *para eu*, se estiver seguido de infinitivo:
  >Trouxe frutas gostosas *para eu* comer. (eu: sujeito)
  >Ela saiu *antes de eu* chegar. (eu: sujeito)

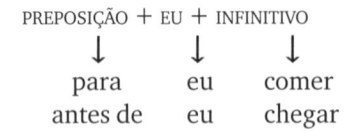

PREPOSIÇÃO	+	EU	+	INFINITIVO
↓		↓		↓
para		eu		comer
antes de		eu		chegar

▶ se não houver infinitivo, usa-se *para mim:*
Trouxe frutas gostosas *para mim.* (*para mim*: complemento)
Ela saiu antes *de mim.* (*antes de mim*: adjunto)
Entre mim e João nada mais existe. (*entre mim* e João: adjunto)

PARA/DE/ENTRE + MIM (SEM INFINITIVO)
↓ ↓
preposição pronome

Saiba mais

▶ O mesmo ocorre com outras preposições:
Deitou *depois de* eu jantar.

▶ A distinção para eu/tu + infinitivo de verbo e para mim/ti sem infinitivo só acontece na 1.ª (eu) e 2.ª (tu) pessoas do singular:
Trouxe livros para *eu* ler. (sujeito)
Trouxe livros para *mim.* (complemento)
Trouxe livros para *tu* leres. (sujeito)
Trouxe livros para *ti.* (complemento)

B) Pronomes de tratamento são formas utilizadas no diálogo. Tais pronomes levam os verbos e os outros pronomes a eles referentes para a 3.ª pessoa:
V. Ex.ª não *deve* esquecer a *sua* pasta de documentos; ela é muito importante para o *seu* pronunciamento.

Os pronomes de tratamento mais usuais são
você ⟹ no tratamento íntimo;
o senhor ⟹ no tratamento cerimonioso.

Que tal conhecer outros pronomes de tratamento e seu emprego?

ABREVIATURA	TRATAMENTO	USO
V. Ex.ª, S. Ex.ª	Vossa Excelência Sua Excelência	autoridades civis e militares de alto escalão
V. S.ª, S. S.ª	Vossa Senhoria Sua Senhoria	para tratar funcionários civis e militares graduados e também para tratamento de cerimônia em geral: cartas comerciais; convites de casamento
V. S., S. S.	Vossa Santidade Sua Santidade	para o papa
V. Em.ª, S. Em.ª	Vossa Eminência Sua Eminência	para cardeais
V. Mag.ª, S. Mag.ª	Vossa Magnificência Sua Magnificência	para reitores de universidades
V. M., S. M.	Vossa Majestade Sua Majestade	para reis e imperadores
V. Rev.ma, S. Rev.ma	Vossa Reverendíssima Sua Reverendíssima	para sacerdotes em geral

As formas de tratamento levam o verbo — e todos os pronomes a elas referentes — para a 3.ª pessoa:

V. Ex.ª *necessita* imediatamente prolatar a sentença.
V. Ex.ª *perdeu seus* documentos?
V. Ex.ªs *necessitam* imediatamente prolatar a sentença.
V. Ex.ªs *perderam seus* documentos?

Saiba mais

Atenção para as equivalências:
Excelentíssimo (*Ex.mo*) acompanha *V. Ex.ª*;
Ilustríssimo acompanha *V. S.ª*

C) Pronomes demonstrativos são usados para situar a pessoa ou coisa designada relativamente às pessoas gramaticais. São eles:

	variáveis		invariáveis
	MASCULINO	FEMININO	
1.ª p.	este, estes	esta, estas	isto
2.ª p.	esse, esses	essa, essas	isso
3.ª p.	aquele, aqueles	aquela, aquelas	aquilo

Podem igualmente ser pronomes demonstrativos: *o* (*a, os, as* = *aqueles(s), a(s); aquilo*); *mesmo, próprio, tal, semelhante*:
> Quero saber *o* que traz você aqui. (= aquilo)
> Ela mesma disse isso. (= em pessoa)
> Eu *própria* fiz o bolo. (= em pessoa)
> Não aceito *tal* resposta. (=esta)
> Não aceito *semelhante* resposta. (=esta)

Os pronomes demonstrativos

▶ situam pessoas ou coisas no espaço ou no tempo ⟹ emprego DÊITICO:
> *Este* ano, *aquela* jovem, sua prima, disse-me que pretende viajar a Paris.

▶ lembram ao ouvinte o que já foi mencionado no texto ⟹ emprego ANAFÓRICO:
> Aprecio Drummond e Machado de Assis; *este* na prosa, *aquele* na poesia.
> Sensibilidade e compreensão, *esses* sentimentos alguns políticos não têm.

▶ anunciam ao ouvinte o que vai ser mencionado ⟹ emprego CATAFÓRICO:
> O Presidente afirmou *isto*: que irá substituir os grevistas.

> **Saiba mais**
>
> Geralmente se diz que o pronome demonstrativo *esse* (*-a, -s, -as*) refere-se ao que foi dito e *este* (*-a, -s, -as*) ao que se vai dizer. Mas no caso da contraposição com *aquele* e flexões, usam-se *este* e flexões:
>> A ternura não embarga a discrição, nem *esta* diminui *aquela*.

Tira-dúvidas

1. *Aquele* usa-se quando?

Há vários empregos:

- tempo distante:
  Naquela época de estudante, tudo era motivo de alegria.

- espaço distante da pessoa que fala e daquela com quem se fala:
  Do avião, quase não mais se vê *aquela* montanha.

- no texto, indica o que foi citado antes, mas não imediatamente:
  João e Francisco estavam lá; *este* de azul e *aquele* de amarelo.

2. *Este* ou *esse*?

- *Este* e flexões usam-se para indicar

– tempo presente (dêitico):
  Este ano devo comprar um computador novo.

– espaço próximo à pessoa que fala (dêitico):
  Este meu computador aqui funciona mal.

– no texto, o que vai ser citado (catafórico):
  Nestas matérias, português e física, eu já fui aprovado.

– no texto, o último termo citado, para distingui-lo dos demais (anafórico):

Em Roma, visitei igrejas e bibliotecas, *estas* mais conservadas do que aquelas.

▶ *Esse* e flexões usam-se para indicar:

– passado ou futuro próximos (dêitico):
Aconteceu um fato grave no escritório por *esses* dias.
Ela deverá chegar por *esses* meses.

– espaço próximo à pessoa com quem se fala (dêitico):
Esse livro que você tem nas mãos pertence ao diretor.

– no texto, indica o que foi citado imediatamente antes (anafórico):
Português e Física são disciplinas de que gosto e *nessas* já estou aprovado.

D) Pronomes possessivos indicam o que cabe ou pertence a cada uma das pessoas gramaticais. Logo:

1.ª pessoa – *meu* e flexões;
2.ª pessoa – *teu* e flexões;
3.ª pessoa – *seu* e flexões:

A culpa é *minha*.
Meu amigo e *seu* irmão se conhecem de longa data.

Tira-dúvidas

1. ***Meu* ou *o meu*? *teu* ou *o teu*? *seu* ou *o seu*? *nosso* ou *o nosso*?**

Antes de possessivo é facultativo o uso do artigo.
Saiu com *seu* primo ou com *o seu* primo.
Nossos amigos ou *os nossos* amigos vêm visitar-nos.

2. ***Seu* ou *dele*?**

Observem-se os vários empregos:

▶ *seu* = dele (pessoa de quem se fala):
Maria foi ao cinema com *sua* irmã. (= irmã de Maria)

- *seu* = de você (pessoa com quem se fala):
  Dr. Pereira, conversei com *sua* secretária e decidimos fazer uma reunião. (= secretária do Dr. Pereira)

> ### Saiba mais
>
> O emprego do pronome *seu* pode causar ambiguidade. Observe-se a frase:
>   Dr. Pereira, precisamos fazer uma reunião com o Dr. Silva; conversei com sua secretária e decidimos fazer a reunião em sua sala.
>   (De quem é a secretária? De quem é a sala?)
>
> Para evitar ambiguidade, há outras redações para a frase:
>   Dr. Pereira, precisamos fazer uma reunião com o Dr. Silva; conversei com a secretária dele e decidimos fazer a reunião na sala do senhor. (secretária do Silva e sala do Pereira)
>
>   Dr. Pereira, precisamos fazer uma reunião com o Dr. Silva; conversei com a secretária do senhor e decidimos fazer a reunião na sala dele. (secretária do Pereira e sala do Silva)
>
>   Dr. Pereira, precisamos fazer uma reunião com o Dr. Silva; conversei com a secretária do senhor e decidimos fazer a reunião na sua sala. (secretária e sala do Pereira)
>
>   Dr. Pereira, precisamos fazer uma reunião com o Dr. Silvia; conversei com a secretária dele e decidimos fazer a reunião na sala dele. (secretária e sala do Silva)

- *seu* = forma popular de *senhor*:
  Comprei um vestido na loja de *seu* João.

E) **Pronomes indefinidos** fazem referência à 3.ª pessoa considerada de modo vago e impreciso. São eles:

variáveis				invariáveis
MASCULINO		FEMININO		
algum	alguns	alguma	algumas	alguém
bastante	bastantes	bastante	bastantes	
nenhum	nenhuns	nenhuma	nenhumas	ninguém
todo	todos	toda	todas	tudo
outro	outros	outra	outras	outrem
muito	muitos	muita	muitas	nada
pouco	poucos	pouca	poucas	cada
certo	certos	certa	certas	algo
vário	vários	vária	várias	mais
tanto	tantos	tanta	tantas	menos
quanto	quantos	quanta	quantas	
qualquer	quaisquer	qualquer	quaisquer	

Os **pronomes indefinidos** podem ser: a) pronomes substantivos: *alguém, ninguém, tudo, nada, cada, algo*; b) pronomes adjetivos: *algum, nenhum, certo, vário, tanto, qualquer* (plural: *quaisquer*) seguidos de substantivos.

> ### Saiba mais
>
> ▶ As palavras *muito, pouco, bastante, mais, menos*, exprimem quantidade e classificam-se como pronomes indefinidos, quando acompanham substantivo:
>   *Mais* amor, *menos* confiança.
>   *Muito* riso é sinal de *pouco* siso.
>   Temos agora *menos* soluções para oferecer aos trabalhadores.
> ▶ Quando intensificam significados de adjetivos, verbos ou advérbios, classificam-se como advérbios:
>   Embora não tivesse trabalhado *muito*, parecia *bastante* cansada.
>   A timidez de minha sobrinha faz com que pareça *pouco* carinhosa.
> ▶ Posposto ao substantivo, *algum* passa a ter valor negativo:
>   Ladrão *algum* foi visto ali naquela noite.

Tira-dúvidas

1. *Menos* ou *menas*?

   A forma correta é *menos*, palavra que nunca se flexiona:
   Hoje tem *menos* gente na festa.
   Mais amor e *menos* confiança.

2. *Não fez qualquer pergunta* ou *não fez nenhuma pergunta*?

   Embora a forma mais adequada seja a primeira, o uso coloquial está fixando o emprego com a dupla negação como recurso enfático:
   O professor *não fez qualquer pergunta* ao aluno.
   O professor *não fez nenhuma pergunta* ao aluno.(coloquial)

3. *Ninguém* + verbo ou *ninguém* + *verbo* + nenhum?

   Ninguém já exprime negação; logo dispensa a palavra *não* ou qualquer outra que exprima negação:
   Ninguém participou da reunião.
   Ninguém fez trabalho *algum*. (e não *Ninguém fez trabalho nenhum*)

4. *Outrem* ou *outro*?

   Ambos são possíveis:

   ▶ *outrem* (pronome substantivo, pouco usado) não se flexiona:
   Não faças a *outrem* o que não queres que te façam.

   ▶ *outro* (pronome substantivo ou adjetivo) flexiona-se:
   Não responderam ao primeiro convite. Enviarei *outro*.
   Não responderam à primeira carta. Enviarei *outra*.
   Ela vai lançar *outros* livros.

5. *Todo* ou *todo o*?

   Ambos são possíveis:

   ▶ *todo* = qualquer:
   Lia *todo* jornal que encontrava.

▶ *todo o* = inteiro:
   Lia *todo o* jornal em poucas horas.

6. *Vários* ou *os vários*?

Ambos são possíveis:

▶ *vários* = inúmeros:
   Vários artigos estavam perdidos.

▶ *os vários* = os distintos, os diferentes:
   Os vários artigos daquele autor estavam publicados pela nova editora.

F) Pronomes interrogativos são os indefinidos que iniciam perguntas diretas ou indiretas: *que, quem* (sempre pronome substantivo); *qual* (geralmente pronome adjetivo e com a flexão de número *quais*) e *quanto* (com as flexões de gênero e número — *quanta, quantas, quantos*). Podem ser pronomes substantivos ou adjetivos e, portanto, exercer funções típicas dessas classes.

Quem chegou?	Não sei *quem* chegou.
Pronome indefinido substantivo	pronome indefinido substantivo
(interrogação direta: pressupõe resposta imediata; termina com ponto de interrogação)	(interrogação indireta: não pressupõe resposta imediata; não termina com interrogação)
Quantos alunos vieram?	Perguntei *quantos* alunos vieram.
Pronome interrogativo adjetivo	pronome interrogativo adjetivo
(interrogação direta)	(interrogação indireta)
O *que* vai fazer hoje à noite?	Gostaria de saber o *que* vai fazer hoje à noite.
Pronome interrogativo substantivo	pronome interrogativo substantivo
(interrogação direta)	(interrogação indireta)
Qual a novidade de hoje?	Preciso saber *qual* a novidade de hoje.
Pronome interrogativo adjetivo	pronome interrogativo adjetivo.
(interrogação direta)	(interrogação indireta)

Exercícios (gabarito no final do livro)

1. Num baile, ao comentar que o salão não estava com muita gente, o rapaz diz à moça que, de fato, "hoje tem menas gente aqui". Ao ouvir construção frasal, tão inadequada, a moça se atrapalhou, tropeçou no pé do rapaz e errou o passo na dança. Assinale o item que melhor justificaria o "acidente":

    a) a moça dançava mal aquela música.
    b) o rapaz foi grosseiro com a moça.
    c) o pronome indefinido aí empregado não se flexiona.
    d) o substantivo "gente" é comum de dois gêneros.
    e) o substantivos "gente" só se emprega formalmente.

2. Em "Nervosismo algum justificaria sua grosseria para com aquela criança", diz-se que a frase é negativa porque

    a) o pronome "algum" é indefinido.
    b) o pronome "algum", posposto ao substantivo, tem valor negativo.
    c) o pronome "algum" é sempre negativo.
    d) todo pronome, posposto ao substantivo, tem valor negativo.
    e) todo pronome, anteposto ao substantivo, tem valor afirmativo.

3. O padrão culto da língua considera inadequada frase como "*Nada* não me fará mudar de ideia", porque

    a) não se deve aproximar pronome indefinido e pessoal na oração.
    b) o pronome indefinido "nada" já exprime negação.
    c) não se inicia frase com o pronome indefinido.
    d) "nada" é empregado para coisa; para pessoa emprega-se "ninguém".
    e) todo pronome indefinido dispensa o emprego do advérbio de negação.

4. Preencha a coluna da direita, conforme a correspondência com os pronomes de tratamento especificados à esquerda:

a) V. S.ª   ( ) santidade
b) V. Ex.ª   ( ) magnificência
c) V. S.   ( ) eminência
d) V. Em.ª   ( ) excelência
e) V. Mag.ª   ( ) senhoria

5. Que melhor redação evitaria a ambiguidade presente na frase "Dr. Veloso, precisamos fazer uma reunião com o Dr. Alberto amanhã; conversei com sua secretária e decidimos fazer a reunião em sua sala"?

a) Dr. Veloso, precisamos fazer uma reunião com o Dr. Alberto amanhã; conversei com sua secretária e decidimos fazer a reunião na sala dele.
b) Dr. Veloso, precisamos fazer uma reunião com o Dr. Alberto amanhã; conversei com a secretária dele e decidimos fazer a reunião em sua sala.
c) Dr. Veloso, precisamos fazer uma reunião com o Dr. Alberto amanhã; conversei com sua secretária e decidimos fazer a reunião nesta sala.
d) Dr. Veloso, precisamos fazer uma reunião com o Dr. Alberto amanhã; conversei com a secretária dele e decidimos fazer a reunião nesta sala.
e) Dr. Veloso, precisamos fazer uma reunião com o Dr. Alberto amanhã; conversei com sua secretária e decidimos fazer a reunião nessa sala.

6. Preencha os parênteses iniciais com PA ou A, conforme a palavra "bastante" seja, respectivamente, pronome-adjetivo ou advérbio:

a) ( ) Visitei bastantes estudiosos do assunto, antes de minha decisão".
b) ( ) Visitei cientistas bastante estudiosos do assunto, antes de minha decisão.
c) ( ) Carolina é *bastante* inteligente.
d) ( ) Maria chegou *bastante* cedo.
e) ( ) Você trouxe bebidas bastantes?

7. Em "Juro que não falarei mais consigo sobre tal assunto", o registro padrão da língua portuguesa no Brasil considera inadequado o emprego do pronome "consigo', porque

   a) não se usa "falar consigo" em referência à 2.ª pessoa.
   b) o pronome "você" já é reflexivo.
   c) não se usa "consigo" com formas de tratamento.
   d) o pronome "consigo" é usado para ênfase.
   e) houve mistura de tratamento.

8. No registro padrão da língua, considera-se inadequada a frase "Conosco ninguém podemos", porque

   a) "conosco" deve ser substituído por "com nós".
   b) a forma pronominal "ninguém" é indefinida.
   c) "ninguém" leva o verbo para a 3.ª pessoa do singular.
   d) "conosco" é forma pronominal de 1.ª pessoa do plural.
   e) o sujeito é inexistente.

9. Assinale a alternativa em que as duas frases estão INCORRETAS quanto ao emprego dos pronomes "eu" e "mim".

   a) A escada caiu diante de mim. / A escada caiu depois de eu passar.
   b) Comprou bombons para eu. / Comprou bombons para mim comer.
   c) Maria chegou antes de mim. / Maria chegou antes de eu chegar.
   d) Transmita a mensagem para eu enviar. / Transmita a mensagem por mim.
   e) Trouxe livros para mim. / Trouxe livros para eu ler.

10. Na frase "Prefiro que você não fique parado aqui, pois isso me irrita", diz-se que o pronome "isso"

    a) pode ser substituído por "isto", sem prejuízo para o padrão culto da língua.
    b) não pode ser substituído por "isto", porque se refere a algo já mencionado.
    c) pode ser substituído por "isto", porque se refere a algo a ser mencionado.
    d) não pode ser retirado da frase, por seu papel coesivo.
    e) não equivale ao enunciado anterior à vírgula.

8. CONJUGAÇÃO DE VERBOS

Verbo exprime fenômeno, ação ou estado dos seres. Varia em número, pessoa, tempo e modo. Em português, distribuem-se os verbos em três conjugações:
1.ª com o infinitivo em -ar:
amar, cantar;

2.ª com o infinitivo em -er:
beber, vender;

3.ª com o infinitivo em -ir:
dividir, partir.

> *Saiba mais*
> O verbo *pôr* e seus derivados pertencem à segunda conjugação, embora a terminação -*er* não apareça no infinitivo. Ocorre, entretanto, a vogal temática *e* em outras formas do verbo:
> põe; repusera; compusesse.

Os verbos apresentam, de acordo com a sua conjugação, desinências especiais de modo e tempo (desinências modo-temporais) e de número e pessoa (desinências número-pessoais):
amá va mos; vende sse m.
(DMT) (DNP)   (DMT) (DNP)

São regulares os verbos que seguem o modelo de sua conjugação; os que se afastam do modelo são irregulares:
amar, vender, partir (regulares);
dar, fazer, medir (irregulares).

Dizem-se defectivos os verbos que não se conjugam em todas as pessoas, modos e tempos. Distinguem-se dois grupos de defectivos:

▶ os que não se conjugam na 1.ª p. sing. pres. ind. e, consequentemente, no pres. subj., no imperativo negativo e nas pessoas *você(s)* e *nós* do imperativo afirmativo. São os verbos *abolir, aturdir, brandir, brunir, carpir, colorir, demolir, emergir, exaurir, fremir, fulgir, haurir, imergir, jungir, retorquir, ungir;*

▶ os que só se conjugam nas formas arrizotônicas do pres. ind., consequentemente, não se conjugam no pres. subj., no imperativo negativo e, no imperativo afirmativo, só possuem a 2.ª p. pl. São eles: *adequar, aguerrir, combalir, delinquir, embair, falir, fornir, precaver-se, puir, reaver, remir, renhir.*

Saiba mais

1. As lacunas flexionais dos verbos defectivos são preenchidas com verbos de significados semelhantes. Assim pode-se usar *eu me acautelo* no lugar da 1.ª p. sing. pres. ind. do verbo *precaver-se.*
2. O verbo *adequar* emprega-se geralmente apenas no infinitivo e no particípio (*adequado*). O verbo *transir* emprega-se apenas no particípio (*transido*).
3. O verbo *soer* (*costumar*) emprega-se geralmente nas 3.ªs p. pres. (*sói, soem*) e no imp. ind. (*soia, soías* etc.).
4. O verbo *abolir* não se conjuga geralmente nas formas em que ao *i* segue um *a* ou um *o*. Daí não se conjuga esse verbo na 1.ª p. sing. pres. ind., em todo o presente do subjuntivo e no imperativo negativo; no imperativo afirmativo, conjuga-se apenas nas pessoas *tu* e *vós.*

Classificam-se como **impessoais** os verbos que se conjugam apenas na 3.ª pessoa do singular:

– exprimem fenômenos da natureza (*amanhecer, anoitecer, chover, nevar, trovejar, ventar*);

– *haver* no sentido de existir (*Havia* pouco movimento na rua).

– verbos que indicam conveniência ou sensação, com complementos regidos de preposição: *Basta* de choro. *Doeu-me* do lado direito.

– exprimem vozes de animais: miar, ganir, uivar.

– indicam necessidade, conveniência: cumprir, urgir, importar. *Cumpre/ urge/ importa* que você venha logo.

Classificam-se como **unipessoais** os verbos que só se empregam na 3.ª p. sing. e pl.

Para o conhecimento da conjugação correta dos verbos, o mais indicado é consultar um breviário ou uma gramática. O objetivo deste capítulo é apresentar formas verbais cujo emprego mais frequentemente suscita dúvidas.

Tira-dúvidas

1. *Abotoam* ou *abutuam*? *Assoam* ou *assuam*?

As formas corretas são *abotoam* e *assoam*, pois os verbos *abotoar* e *assoar* não sofrem mudança no timbre da vogal em sua conjugação:
  Eles *abotoam* os paletós antes de sair.

Saiba mais

Não confunda *assoar* com *suar*:
  Assoou o nariz na camisa *suada*.

2. *Abulo, bano, coloro* e *explodo*: existem tais formas?

Não. Os verbos *abolir, banir, colorir* e *explodir* são defectivos, isto é, não se conjugam em todas as formas. Esses verbos não apresentam a 1.ª p. sing. pres. ind. e todo o pres. subj., este um tempo derivado da 1.ª p. sing. pres. ind.

3. *Adequa* ou *adéqua*?

Nenhuma das formas está correta, pois o verbo é defectivo e, no presente, conjuga-se apenas na 1.ª e 2.ª p. pl. (*adequamos, adequais*).

Saiba mais

Quando você tiver que dizer frases do tipo:
  Este palavreado não *se adequa* à sua posição social,
deve usar um sinônimo, como *ajusta, adapta-se*, ou a locução *é adequado*:
  Este palavreado não *se ajusta* à sua posição social.
  Este palavreado não *é adequado* à sua posição social.

4. *Caibo* ou *cabo*?

A forma correta é *caibo*, 1.ª p. sing. pres. ind. de *caber*, irregularidade que se estende ao pres. subj., forma derivada daquela 1.ª pessoa.
    caibo, cabes, cabe, cabemos, cabeis, cabem (pres. ind.).
    caiba, caibas, caiba, caibamos, caibais, caibam (pres. subj.).

5. *Cirze* ou *cerze*?

A forma correta é *cirze*. Tal como o verbo *agredir (eu agrido, tu agrides, ele agride, eles agridem)*, o verbo *cerzir* troca o *e* em *i* nas formas do pres. ind. cujo acento tônico recai no radical, em todo o pres. subj. e nas formas do imperativo derivadas do subjuntivo:
    cirzo, cirzes, cirze, cerzimos, cerzis, cirzem (pres. ind.);
    cirza, cirzas, cirza, cirzamos, cirzais, cirzam (pres. subj.);
    cirze, cirza, cirzamos, cerzi, cirzam (imper. afirm.).
    (não) cirzas, cirza, cirzamos, cirzais, cirzam (imper. neg.).

6. *Coube* ou *cabeu*?

A forma correta é *coube*, pois o verbo *caber* não segue, no pret. perf. e tempos dele derivados (o m.-q.-perf. ind., o imperf. e o fut. subj.), o modelo de sua conjugação:
    coube, coubeste, coube, coubemos, coubestes, couberam (pret. perf.);
    coubera, couberas, coubera, coubéramos, coubéreis, couberam (m.-q.-perf. ind.);
    coubesse, coubesses, coubesse, coubéssemos, coubésseis, coubessem (imperf.);
    couber, couberes, couber, coubermos, couberdes, couberem (fut. subj.).

7. *Der* ou *dar*?

As duas formas são possíveis:

- *der* (fut. subj.):
    Quando eu *der* um suspiro, não se preocupe.

- *dar* (inf.):
    Será muito difícil o candidato vencido *dar* apoio ao vencedor.

8. *Despeço* ou *despido*?

As duas formas são possíveis:

▶ *despeço* (verbo *despedir*). O verbo *despedir* (bem como os verbos *expedir, impedir, medir, pedir, ouvir* e compostos) troca, na 1.ª p. sing. pres. ind., em todo o pres. subj. e nas formas do imper. deste derivadas, a última consoante do radical em ç. Assim:
eu despeço // que eu despeça, que tu despeças, que ele despeça... ;
eu expeço // que eu expeça, que tu expeças, que ele expeça...;
eu impeço // que eu impeça, que tu impeças, que ele impeça...;
eu meço // que eu meça... que nós meçamos, que vós meçais, que eles meçam;
eu peço // que eu peça... que nós peçamos, que vós peçais, que eles peçam;
eu ouço // que eu ouça... que nós ouçamos, que vós ouçais, que eles ouçam.

▶ *despido* (particípio do verbo *despir)*:
Despido de preconceitos, aceitou aquela aliança.

9. *Digno-me* ou *diguino-me*?

A forma correta é *digno* (vogal tônica *i*), pois o verbo é *dignar-se*:
Eu me *digno* a fazer isso.

Saiba mais

▶ Também o verbo *optar* apresenta dificuldade de pronúncia na 1.ª p. sing. pres. ind. e no pres. subj.: *eu opto, eu opte* (o primeiro *o* é a vogal tônica).
▶ Exemplos de conjugação dos verbos *dignar-se*, *optar* e *pugnar*
Eu me *digno* a algo.
Tu *optas* por algo.
Ele *pugna* por algo.

10. *Freamos* ou *freiamos*?

A forma correta é *freamos*, pois os verbos em *-ear* recebem um *i* somente nas formas cuja sílaba tônica está no radical (formas rizotônicas). Assim, o pres. ind. será *freio, freias, freia,* freamos, freais, *freiam*:
Freamos o carro no momento certo.

> **Saiba mais**
>
> ▶ Como *frear* conjugam-se também os verbos *passear, recear, cear* e *cercear*:
> Os países totalitários *cerceiam* a comunicação.
> *Receio* que este calor dure muito.
> É perigoso que *passeemos* à noite.
> ▶ Não existem verbos em *-eiar*, apenas em *-ear*; logo nada de *freiar, receiar, passeiar*.

11. *Ides* ou *vades*?

As duas formas são possíveis:

▶ *ides* (2.ª p. pl. pres. ind.):
Vós *ides* ao Palácio?
▶ *vades* (2.ª p. pl. pres. subj.):
Convém que vós *vades* ao Palácio.

> **Saiba mais**
>
> ▶ O verbo *ir* apresenta uma única forma para a 3.ª p. pl. pres. ind. e pres. subj.:
>
> PRESENTE DO INDICATIVO   PRESENTE DO SUBJUNTIVO
> ele vai / eles vão   ele vá / eles vão
>
> Eles *vão* ao cinema. (pres. ind.)
> Convém que eles *vão* ao cinema do bairro. (pres. subj.)
> ▶ A forma verbal *for* é comum aos verbos *ir* e *ser*:
> Se eu *for* ao cinema, convidarei você. (verbo *ir*)
> Quando eu *for* jornalista, terei uma coluna assinada. (verbo *ser*)

> ▶ Em alguns tempos os verbos *ir* e *ser* conjugam-se da mesma forma:
> pret. perf. ind.: fui, foste, foi, fomos, fostes, foram:
> Ela *foi* (*ser*) campeã de natação, mas nunca *foi* (*ir*) à praia.
> pret. m.-q.-perf. ind.: fora, foras, fora, fôramos, fôreis, foram;
> pret. imperf. subj.: fosse, fosses, fosse, fôssemos, fôsseis, fossem;
> fut. subj.: for, fores, for, formos, fordes, forem.

12. *Intermedeiam* ou *intermediam*?

A forma correta é *intermedeiam*, pois *intermediar* é derivado de *mediar* e esses dois verbos, junto a outros três (*ansiar, odiar e remediar*), recebem um *e* na 1.ª, 2.ª e 3.ª p. sing. e 3.ª p. pl. pres. ind. e do pres. subj.:
> medeio, medeias, medeia, mediamos, mediais, medeiam;
> intermedeio, intermedeias, intermedeia, intermediamos, intermediais, intermedeiam.

13. *Interveio* ou *interviu*?

A forma correta é *interveio*, pois *intervir* e os demais derivados do verbo *vir* seguem a conjugação do primitivo:
> vim, vieste, veio, viemos, viestes, vieram;
> intervim, intervieste, interveio; interviemos, interviestes, intervieram.

14. *Leiamos* ou *lcamos*?

A forma correta é *leiamos*. A 1.ª p. pres. ind. de *ler* é *leio*. O pres. subj. apresenta, pois, as formas *leia, leias, leia, leiamos, leiais, leiam*:
> Convém que *leiamos* as placas de trânsito.

Saiba mais

Igualmente o verbo *crer* apresenta, na 1ª p. sing. pres. ind., a forma *creio* e o pres. subj. segue esta forma:
> *creia, creias, creia, creiamos, creiais, creiam.*

15. *Manteve* ou *manteu*?

A forma correta é *manteve*. Esse verbo segue a conjugação do verbo *ter*:

    Ele teve / ele manteve   ele tivesse / ele mantivesse
    Ele tivera / ele mantivera   ele tiver / ele mantiver

Ele *manteve* sua posição até o final da discussão.

> **Saiba mais**
>
> Além do verbo *manter*, conjugam-se pelo modelo de *ter* os verbos *deter* e *reter*.

16. *Mantiver* ou *manter*?

As duas formas são possíveis:

- *mantiver* (fut. subj.), usado com as conjunções *se* ou *quando*:
  Se ele *mantiver* sua proposta, faremos o acordo.

- *manter* (inf.), usado com preposições ou locuções prepositivas:
  Antes de *manter* contato pessoal com o representante, vou telefonar-lhe.

17. *Pegado* ou *pego*?

A forma correta é *pegado*, porque o verbo *pegar* não tem duplo particípio. A forma *pego*, embora frequente, não é ainda aceita e pode ser explicada por analogia com *pago*:

    O ladrão foi *pegado* em flagrante.

18. *Possui* ou *possue*?

A forma correta é *possui*. Verbos em *-air (trair)* e *-uir (possuir)* na 2.ª e 3.ª p. sing. pres. ind. apresentam, respectivamente, as formas *trais, trai; possuis, possui*, diferentemente do modelo da 3.ª conj. *partir (partes, parte)*. Assim também *atribuir, distribuir, concluir, influir, substituir, cair, sair*:

    Ele *possui* um carro último tipo.
    Não suba no banco, porque você *cai*.

19. *Precavo* ou *precavenho*?

Nenhuma das formas está correta, pois o verbo é defectivo e, no presente, conjuga-se apenas na 1.ª e 2.ª p. pl. (*precavemos*, *precaveis*).

> **Saiba mais**
> *Precaver-se, reaver, falir, delinquir, puir* têm a mesma defectividade de *adequar*. No presente do indicativo só se usam as formas:
> precavemos, precaveis; reavemos, reaveis; falimos, falis; delinquimos, delinquis; puímos, puís.

20. *Puser* ou *pôr*?

As duas formas são possíveis:

▶ *puser* (fut. subj.), uma vez que o verbo *pôr* apresenta o radical *pus-* que aparece no pret. perf. ind. e nos tempos dele derivados (m.-q.-perf. ind., imperf. e fut. subj.):
puseste (*pus* + este); pusesse (*pus* + esse);
pusera (*pus* + era); puser (*pus* + er).
Quando eu *puser* o lápis sobre a mesa, a prova estará terminada.

▶ *pôr* (infinitivo):
Para ele *pôr* a mesa, é necessária muita discussão sobre os deveres masculinos.

21. *Reouve* ou *reaveu*?

A forma correta é *reouve*, porque, nas formas em que é conjugado, *reaver* segue o verbo *haver*, do qual deriva. Assim:
ele *houve* / ele *reouve*   tu *houvesses* / tu *reouvesses*
eles *houveram* / eles *reouveram* ele *houver* / ele *reouver*

Ele *reouve* o relógio que perdera.

22. *Requeiro* ou *requero*?

A forma correta é a primeira, *requeiro*. Esse verbo foge à regra das formas derivadas e não se conjuga por seu primitivo *querer*, na 1.ª p.

sing. pres. ind. No entanto, as formas do subjuntivo dos dois verbos se aproximam: *que eu queira*, *que eu requeira* etc.

> **Saiba mais**
>
> Também não são semelhantes as flexões desses verbos no pret. perf. ind.: eu *quis*, tu *quiseste* etc., mas eu *requeri*, tu *requereste* etc.

23. *Rides* ou *ris*?

A forma correta é *rides*, pres. ind.: *rio*, *ris*, *ri*, *rimos*, *rides*, *riem*.

> **Saiba mais**
>
> ▶ Convém saber conjugar todas as pessoas dos tempos verbais. Nos verbos monossilábicos, a 2.ª p. pl. frequentemente apresenta a terminação -*des* no pres. ind.: *rides* (rir), *ides* (ir), *credes* (crer), *ledes* (ler), *vedes* (ver), *vindes* (vir), *pondes* (pôr).
> ▶ O verbo *dar*, no entanto, apresenta, respectivamente na 2.ª p. pl. pres. ind. e do pres. subj., as formas: *dais* e *deis*.
> ▶ O verbo *ir* apresenta a terminação -*des* também na 2.ª p. pl. pres. subj.: *vades*.

24. *Roubou* ou *robou*?

A forma correta é a primeira, porque o ditongo *ou* do infinitivo se mantém: *roubou* < roubar.

> **Saiba mais**
>
> Na linguagem falada, há uma tendência a reduzir alguns ditongos a vogais. Não confunda, na escrita, *ai* e *a*, *ei* e *e*, *ou* e *o*:
>   *caixa* e não **caxa*
>   *peixe* e não **pexe*
>   *roupa* e não **ropa*

25. *Supusera* ou *supora*?

A forma correta é *supusera*, porque o verbo *supor* segue a conjugação de *pôr*:
> pusera, puseras, pusera, puséramos, puséreis, puseram.
> Ele *supusera* que a lei não passaria no Congresso.

26. *Tinha trazido* ou *tinha trago*?

A forma correta é *tinha trazido*, pois o verbo *trazer* só apresenta um particípio: *trazido*.

Saiba mais

▶ Alguns verbos apresentam duplo particípio. Usa-se o particípio em *-do*, com os auxiliares *ter* e *haver*; e a outra forma com os auxiliares *ser* e *estar*. Assim:

> O texto *foi impresso*. Ele *tinha imprimido* o texto.
> O corrupto *será expulso*. *Terão expulsado* o corrupto.
> Os camponeses foram salvos. Tinham salvado os camponeses.
> O regulamento *foi extinto*. *Haviam extinguido* o regulamento.

Ser ou *estar aceso*.	*Ter* ou *haver acendido*.
Ser ou *estar entregue*.	*Ter* ou *haver entregado*.
Ser ou *estar expresso*.	*Ter* ou *haver expressado*.
Ser ou *estar morto*.	*Ter* ou *haver morrido*.
Ser ou *estar suspenso*.	*Ter* ou *haver suspendido*.
Ser ou *estar eleito*.	*Ter* ou *haver elegido*.
Ser ou *estar solto*.	*Ter* ou *haver soltado*.

▶ No registro coloquial, usam-se as formas *ganho*, *gasto* e *pago* com qualquer verbo auxiliar:

estava *pago*	tinha *pago*
estava *ganho*	havia *ganho*
estará *gasto*	terei *gasto*

27. *Trouxer* ou *trazer*?

▶ *trouxer* (fut. subj.), pois o verbo *trazer* apresenta o radical *troux-* no pret. perf. ind. que se repete nos tempos dele derivados (m-q-perf. ind., imperf. e fut. subj.):
trouxe   *trouxesse*
trouxera   *trouxer*

Quando eu *trouxer* o presente, vocês terão uma surpresa.

▶ *trazer* (inf.):
Para *trazer* toda a bagagem, foi necessário pagar taxa de excesso.

Saiba mais

Se a oração for reduzida e se iniciar por preposição ou locução prepositiva (a locução prepositiva sempre termina com preposição *antes de*, *defronte a* etc.), a forma verbal estará no infinitivo pessoal; se a forma verbal da oração subordinada for finita, ou seja, apresentar como conectivo uma conjunção (*se*, *quando*), usa-se o verbo no futuro do subjuntivo:
Antes de trazer a bagagem, verifique o peso.
Quando trouxer a bagagem, verifique o peso.

28. *Varia* ou *vareia*?

A forma correta é *varia*, pois os verbos terminados em *-iar* são regulares: *abrevia, arrelia, copia*.
O adjetivo "amarelo-canário" não *varia*.

Saiba mais

▶ Com já foi dito, há cinco verbos que não seguem o modelo dos terminados em *-iar*. Para auxiliar sua memorização, é bom lembrar que as iniciais deles formam a palavra MARIO:
mediar (medeia), ansiar (anseia), remediar (remedeia), incendiar (incendeia), odiar (odeia).

> ▶ Com exceção das *formas rizotônicas* (aquelas cujas sílabas tônicas estão no radical) dos verbos *ansiar, incendiar, mediar, remediar, odiar*, a conjugação das demais formas se faz regularmente.

29. *Veem* ou *vêm*?

As duas formas são possíveis:

- ▶ *veem* (verbo *ver*):
    Eles *veem* tudo o que se passa aqui.

- ▶ *vêm* (verbo *vir*):
    Eles *vêm* à reunião de hoje.

Saiba mais

▶ Se a 3.ª p. sing. tem acento circunflexo, no plural dobra-se o *e*: *ele relê, eles releem; que ele dê, que eles deem; ele crê, eles creem*.
▶ Se a 3.ª p. sing. não tem acento, ou tem acento agudo, no plural o acento é o circunflexo: *ele tem, eles têm; ele mantém, eles mantêm; ele vem, eles vêm*.

30. *Vimos* ou *viemos*?

As duas formas são possíveis:

- ▶ *vimos* = vir (pres. ind.):
    Eu *venho* aqui falar com você./ Nós *vimos* aqui falar com você. (ação no momento da fala)

- ▶ *viemos* = vir (pret. perf. ind.):
    Eu *vim* aqui ontem. / Nós *viemos* aqui ontem. (ação anterior ao momento da fala)

31. *Vimos* ou *vemos*?

As duas formas são possíveis:

- ▶ *vimos* = ver (pret. perf. ind.):
  Eu *vi* você no cinema, mas não pude falar-lhe./ Nós *vimos* você no cinema, mas não pudemos falar-lhe.

- ▶ *vemos* = ver (pres. ind.):
  Eu *vejo* você todos os dias da janela, quando o ônibus escolar chega. /Nós *vemos* você todos os dias da janela, quando o ônibus escolar chega.

> **Saiba mais**
>
> *Vimos* é forma verbal comum a dois verbos:
> *vimos* (pres. ind. de *vir*);
> *vimos* (pret. perf. ind. de *ver*).
> *Vimos* (vir) frequentemente visitar o primo Ricardo, mas hoje não o *vimos* (ver) porque ele viajou.

32. *Vigendo* ou *vigindo*?

A forma correta é *vigendo* porque o verbo é *viger* e não *vigir*:
A nova lei já está *vigendo*.

33. Vir ou ver?

As duas formas são possíveis:
- ▶ *vir* = ver (fut. subj.):
  Quando eu *vir* o Antônio, dar-lhe-ei o presente.

- ▶ *ver* = ver (infinitivo):
  Antes de eu *ver* o estrago do vestido, nada direi.

> **Saiba mais**
>
> Se a forma verbal da oração subordinada apresentar como conectivo uma conjunção (*se, quando*), usa-se o verbo no futuro do subjuntivo: *Quando ou se eu vir...*

> Se a oração se iniciar por preposição ou locução prepositiva, a forma verbal estará no infinitivo pessoal: *Antes de eu ver... ou para eu ver...*

34. *Vir* ou *vier*?

As duas formas são possíveis:

- *vir* = ver (fut. subj.):
   Quando eu o *vir* (*ver*), darei o seu recado.

- *vier* = vir (fut. subj.):
   Quando você *vier* (*vir*), receberá o recado.

Saiba mais

- O verbo *vir* apresenta uma só forma para o gerúndio e para o particípio: *vindo*.
   Espere-o que ele já *está vindo*. (gerúndio)
   Ele *tem vindo* às reuniões. (particípio)
- *Provir* segue o verbo *vir*, em todas as formas:
   Provenho de uma família de professores.
- *Prover* segue o verbo *ver* no pres. ind., pres. subj. e imp.; nas demais formas é regular.
   No inverno *provejo* de agasalho crianças carentes.
   Proveu os irmãos dos meios necessários à sobrevivência. (regular)

35. *Vou resolver* ou *vou estar resolvendo*?

A forma correta é a primeira. A segunda forma parece ter sua origem em traduções inadequadas da frase inglesa *We'll be sending you*, muito frequente em manuais de *telemarketing*. A estrutura vou + estar + gerúndio é inaceitável, em português, porque os significados dos auxiliares são contraditórios: vou + infinitivo expressa futuro; estar + gerúndio exprime ação em processo.

Deve-se dizer

Vou mandar o comprovante de pagamento para o senhor.

ou

Estou encaminhando o comprovante de pagamento para o senhor.

e não

Vou estar mandando o comprovante de pagamento para o senhor.
Vou estar encaminhando o comprovante de pagamento para o senhor.

Saiba mais

No entanto é aceitável essa forma para expressar ação em processo em um tempo futuro, em relação ao momento em que se fala, como em frases do tipo:
Amanhã a essa hora *vou estar viajando*.

Exercícios (gabarito no final do livro)

1. Conjugar o verbo da frase "Pugnar pelos seus direitos" no presente do indicativo.

2. Reconheça a opção que equivalha às frases "você vir aqui" e "você ver a peça de teatro" usadas no futuro do subjuntivo:

   a) Quando você viesse aqui / Quando você visse a peça de teatro...
   b) Quando você vier aqui / Quando você vir a peça de teatro.
   c) Quando você vir aqui / Quando você ver a peça de teatro.
   d) Quando você viesse aqui / Quando você ver a peça de teatro.
   e) Quando você vem aqui / Quando você vê a peça de teatro.

3. Dentre as opções que seguem, marque a que equivale à correta conjugação da primeira pessoa do presente do indicativo dos verbos, nas frases "Vir aqui frequentemente", "Esquecer-se de algo" e "Variar de restaurante".

   a) Nós vimos aqui frequentemente / Esquecemo-nos de algo / Variamos de restaurante.
   b) Nós viemos aqui frequentemente / Esquecemos de algo / Variamos de restaurante.
   c) Nós vimos aqui frequentemente / Esquecemos-nos de algo / Vareiamos de restaurante.
   d) Nós viemos aqui frequentemente / Esquecemo-nos de algo / Vareiamos de restaurante.
   e) Nós viemos aqui frequentemente / Esquecemos-nos de algo / Vareiamos de restaurante.

4. Preencha com o verbo "trazer" a frase "Grata, se tu me _____ o livro amanhã"; e com o verbo "saber" a frase "Antes de _____ todos os detalhes do acontecimento, nada digas a ela".

5. Assinale a alternativa que preencha adequadamente as lacunas das seguintes frases: "Vi a discussão entre os alunos, mas não _____; o inspetor viu e também não _____; alguns professores viram e não _____"

   a) intervi, interveio, intervieram.
   b) intervi, interveio, interviram.
   c) intervim, interveio, intervieram.
   d) intervim, interviu, interviram.
   e) intervir, interviu, interviram.

6. Complete com o verbo IR as seguintes frases`

   a) O Presidente pede que nós _____ ao Palácio hoje, sem falta.
   b) Se você _____ ao Palácio, veja o quadro de que lhe falei.
   c) Quando nós _____ à praia, levaremos o protetor solar.
   d) É necessário que você _____ falar com ele hoje.

e) Antes do incidente, tu _____ frequentemente a concertos?

7. Complete as frases com formas do verbo VIR.

   a) Se você _____ à festa, traga os refrigerantes.
   b) Todos os anos nós _____ a este evento.
   c) Nós _____ de avião, ontem, à noite.
   d) Se eu pedisse, ele _____ ver-me.
   e) Maria e sua irmã _____ à minha formatura amanhã.

8. Complete as frases com formas do verbo HAVER.

   a) _____ frequentemente festas no Palácio.
   b) Os bolsistas não se _____ bem no concurso.
   c) Se os alunos infringirem as normas, eles se _____ com a diretora.
   d) _____ muitas questões inadequadas na prova aplicada ontem.
   e) Maria _____ feito planos para o próximo ano.

9. Assinale a frase cuja correlação entre os tempos verbais está INCORRETA.

   a) Se o estudante dispuser de bons livros, teremos dado um passo importante no seu desenvolvimento.
   b) O juiz foi criticado porque quase não tinha intervindo na briga dos jogadores.
   c) Quando virem aquela modelo, ficarão surpresos com a sua altura.
   d) Se Leonardo quiser, a festa seria um evento marcante na sua vida profissional.
   e) No momento em que nos virmos novamente, já estaremos formados.

10. Assinale a frase cuja correlação entre os tempos verbais está CORRETA.

    a) Se lhe agrada, podia ficar conosco até o final do ano.
    b) Se eu pudesse, comprava muitos presentes no Natal.

c) Quando ela se conscientizar de seu conhecimento, fará o concurso.
d) Quando chegou o inverno, os casacos já estariam lavados.
e) Vamos pedir ao engenheiro que elaborasse o projeto antes da reunião.

9. EMPREGO DO MODO IMPERATIVO

O MODO IMPERATIVO expressa ordem, pedido ou súplica. Apresenta duas modalidades (o IMPERATIVO AFIRMATIVO e o IMPERATIVO NEGATIVO) e cinco pessoas. Não se conjuga a 1.ª pessoa do singular, porque o locutor não vai dar ordem a si mesmo. As formas verbais de 3.ªˢ pessoas empregam-se apenas para os pronomes de tratamento (você, vocês; senhor, senhora, senhores, senhoras; V. Ex.ª, V. Ex.ªˢ; V. S.ª, V. S.ªˢ):
  Queira V. Ex.ª passar ao salão de café, por gentileza.
  Faça (você) o favor de sair.

A 1.ª p. pl. (nós) é usada quando se incentiva alguém a uma ação, e o falante se integra ao sujeito, para maior ênfase do que diz:
  Continuemos a andar, falta pouco para chegarmos!

A 2.ª p. pl. (vós) é muito formal e, por isso, pouco usada, preferindo-se em geral o pronome de tratamento vocês:
  Vão vocês em lugar de ide vós.

Formação do imperativo afirmativo

As 2.ªˢ pessoas (singular tu e plural vós), com exceção do verbo ser (veja-se item 10 do Tira-dúvidas a seguir), equivalem respectivamente à 2.ª sing. e à 2.ª pl. pres. ind. sem o s final; as demais pessoas (você, nós e vocês) tomam de empréstimo as formas verbais do pres. subj. Assim:

Presente do indicativo	Imperativo afirmativo
cantas	canta tu
cantais	cantai vós

Presente do subjuntivo
cante	cante você
cantemos	cantemos nós
cantem	cantem vocês.

Formação do imperativo negativo

Todas as pessoas tomam de empréstimo as formas verbais do presente do subjuntivo. Assim:

Presente do subjuntivo	Imperativo negativo
cantes	não cantes tu
cante	não cante você
cantemos	não cantemos nós
canteis	não canteis vós
cantem	não cantem vocês

Tira-dúvidas

1. *Cirze* ou *cirza*?

   As duas formas são possíveis:

   ▶ *Cirze* (imper. afirm., 2.ª p. sing., tratamento *tu*):
   Cirze a camisa até amanhã e eu te pago bem.

   ▶ *Cirza* (imper. afirm., tratamento *você*):
   Cirza a camisa até amanhã e eu lhe pago bem.

   Saiba mais

   O verbo *cerzir* é irregular e conjuga-se, no imperativo afirmativo, da seguinte forma:
   cirze tu, *cirza* você, *cirzamos* nós, *cerzi* vós, *cirzam* vocês.

2. (Não) *dá* você ou (não) *dê* você?

   As duas formas são possíveis:

   ▶ Não *dá* (verbo *dar*, 3.ª sing. pres. ind.):
   Assim não *dá*!

   ▶ Não *dê* (verbo *dar*, no imperativo negativo, tratamento você):
   Não *dê* esmolas para não estimular a mendicância.

3. *Despeça-se* ou *despida-se*?

A forma correta é *despeça-se*, no tratamento *você*:
Despeça-se do seu amigo.

> **Saiba mais**
>
> O verbo *despedir-se*, pronominal, troca o *d* em *ç*, em algumas formas. Assim, o imperativo afirmativo desse verbo é:
> *despede*-te, *despeça*-se, *despeçamo*-nos, *despedi*-vos, *despeçam*-se.

4. *Parti* vós ou *parte* vós?

A forma correta é a primeira. A 2.ª p. pl. imper. afirm. do verbo *partir* é *parti* (vós):
Não hesiteis; *parti* sem olhar para trás.

5. *(Não) ponhas* ou *(não) pões*?

As duas formas são possíveis:

▶ *não ponhas* (verbo *pôr*, 2.ª p. sing. imper. negativo):
Não ponhas os pés sobre a mesa.

▶ *não pões* (verbo *pôr*, 2.ª p. sing. pres. ind.):
Em situações formais, tu não *pões* os pés sobre a mesa, é claro!

6. *Provede* vós ou *provei* vós?

A forma correta é *provede*; o verbo *prover* conjuga-se pelo verbo *ver* no presente do indicativo, no presente do subjuntivo e formas derivadas:
Provede os mais necessitados.

> **Saiba mais**
>
> O imperativo desse verbo será:
> ▶ afirmativo: *provê* (tu), *proveja* (você), *provejamos* (nós), *provede* (vós), *provejam* (vocês);
> ▶ negativo: não *provejas* (tu), não *proveja* (você), não *provejamos* (nós), não *provejais* (vós), não *provejam* (vocês).

7. Queira ou quer você me fazer um favor?

Ambas as formas são corretas, dependendo da situação, e nenhuma delas está no imperativo, propriamente dito, pela significação do verbo.

>Em "Queira (você) fazer-me um favor", a frase expressa um desejo ou um pedido indireto da pessoa, algo como "Eu fico feliz em que você me faça um favor".
>Já no caso de "Quer (você) fazer-me um favor?", trata-se apenas de uma interrogação:
>*Queira* (você) fazer o favor de abrir a porta.
>*Quer* (você) abrir a porta, por favor?

> **Saiba mais**
>
> Verbos como *amar, desejar, perder, querer*, por sua significação, não devem ser usados no modo imperativo. Não se pode mandar nem pedir que alguém perca, por exemplo, dois milhões de reais; extrapolaria o sentido de "perder", que é involuntário.
>
>>Em sentido figurado ou frases de efeito, entretanto, é possível empregar tais formas:
>>*Perca* a timidez e vá em frente.
>>"*Ama* com fé e orgulho a terra em que nasceste." (O. Bilac)

8. *Ri* tu ou *rias* tu?

As duas formas são possíveis:

- *ri* (verbo *rir*, 2.ª p. sing. imper. afirm., tratamento *tu*):
  Ri agora, mas não *rias* quando ele chegar. (imper. afirm. e imper. neg.)

- *rias* (verbo *rir*, 2.ª p. sing. imperf. ind., 2.ª p. sing. pres. subj., 2.ª p. sing. imper. neg., tratamento *tu*:
  Ontem tu *rias* da insegurança dela; convém que não *rias* mais. (imperf. ind. e pres. subj., respectivamente)
  Não *rias* do teu próximo. (imper. neg.)

9. (*Não*) *saias* ou (*não*) *sai*?

As duas formas são possíveis:

- *não saias* (verbo *sair*, 2.ª p. sing. imper. neg.):
  Não *saias* daí ou te castigarei.

- *não sai* (verbo *sair*, 3.ª p. sing. pres. ind.):
  Ela não *sai* de casa à noite.

10. *Sê* tu ou *é* tu?

A forma correta é *sê tu*. O verbo *ser* apresenta grande irregularidade. O imperativo desse verbo é

- afirmativo: sê (tu), seja (você), sejamos (nós), sede (vós), sejam (vocês);

- negativo: não sejas (tu), não seja (você), não sejamos (nós), não sejais (vós), não sejam (vocês).

11. *Traga* tu ou *traz* tu?

As duas formas verbais são possíveis, o tratamento é que difere:

- *traga* (verbo *trazer*, imper. afirm., tratamento *você*):
  Traga um suco de frutas para mim, por favor.

- *traz* (verbo *trazer*, imper. afirm., tratamento *tu*):
    Traz(e) um suco de frutas para mim, por favor.

12. (*Não*) *vás* tu ou (*não*) *vais* tu?

A forma correta é a primeira: *não vás* é 2.ª p. sing. imper. neg. do verbo *ir*:
    Não *vás* ao Centro da cidade à noite.

> **Saiba mais**
>
> Não se esqueça de que o imperativo negativo toma de empréstimo as formas do presente do subjuntivo.

13. (*Não*) *veja* ou (*não*) *vê*?

As duas formas são possíveis:

- *não veja* (imper. neg. do verbo *ver*, tratamento *você*):
    Não *veja* maldade em minha atitude.

- *não vê* (pres. ind., 3.ª p. sing.):
    Ele não *vê* maldade na atitude dela.

14. *Vem* cá ou *venha* cá?

As duas formas são possíveis:

- *vem* (verbo *vir*, 2.ª p. sing. imper. afirm., tratamento *tu*);

- *venha* (verbo *vir*, imper. afirm., tratamento *você*).
    O imperativo afirmativo desse verbo é *vem* (tu), *venha* (você), *venhamos* (nós), *vinde* (vós), *venham* (vocês).

Exercícios (gabarito no final do livro)

1. Complete as lacunas com o verbo no imperativo afirmativo.

   a) _____ (ouvir) sempre boa música e te sentirás bem.
   b) _____ (vir) cedo para comprares os melhores lugares.
   c) _____ (trazer) o livro e eu vos ficarei grata.
   d) _____ (ver) o filme e me diga o que achou.
   e) _____ (pedir) e vos concederei o favor.

2. Complete as lacunas com o verbo no imperativo negativo.

   a) Não _____ (crer) em tudo que tu ouves.
   b) Não _____ (beber) antes de você dirigir.
   c) Não _____ (fugir) de nossos compromissos.
   d) Não _____ (esquecer) vossos compromissos.
   e) Não _____ (vir) com desculpas: preciso da ajuda de vocês.

3. Escreva a frase "Roubar o sossego alheio" empregando o verbo na segunda pessoa do plural do imperativo negativo.

4. Empregue o verbo da frase "Pôr o livro sobre a mesa" no imperativo afirmativo, substituindo ainda o complemento do verbo pelo pronome oblíquo átono correspondente.

5. Passe para o tratamento "você" a frase: "Não faças a outrem o que não queres que te façam".

6. Marque as frases que apresentam os verbos adequadamente empregados na segunda pessoa do singular do imperativo afirmativo.

   a) Seja coerente com seus propósitos.
   b) Não vás pela praia porque o trânsito está engarrafado.
   c) Ouves bons conselhos e terás sucesso na vida.
   d) Traga o adoçante que o médico sugeriu.
   e) Foge das más companhias.

7. Conjugue o imperativo afirmativo do verbo "cerzir"

8. Assinale o item em que todas as formas verbais da 2.ª do singular do imperativo afirmativo dos verbos "ir / mediar / despedir" estão corretas:

    a) vá / media / despede.
    b) vai / medeia / despede.
    c) ide / medeia / despeça.
    d) vás/ media / despeça.
    e) vais / medias / despede.

9. Assinale os itens em que as frases estejam bem construídas com os verbos devidamente conjugados no imperativo.

    a) Leiamos os livros atentamente.
    b) Mantenha sua opinião a qualquer custo.
    c) Peça alguma coisa e eu te atenderei.
    d) Não fala mal dos outros, menina.
    e) Não ouça os maus conselhos que te dão.

10. Assinale o item em que todas as formas verbais do imperativo dos verbos "ler / ver / ter / vir" estão INCORRETAS.

    a) leias / vejas / tenhai / não vem.
    b) não leiamos / vede / tende / não venhamos.
    c) leia / vê / não tenhamos / não venha.
    d) lede / não vejam / tem/ venham.
    e) não leiam / vejam / tenham/ venha.

10. CONCORDÂNCIA NOMINAL E VERBAL

CONCORDÂNCIA é a adaptação de um termo a outro por meio de flexões. Sem a concordância, a frase fica inadequada aos padrões cultos da língua:

A	B
o povo trabalhador	Tu *trabalhas.*
a população trabalhadora	O povo *trabalha.*
os nossos jovens *trabalhadores*	Nós *trabalhamos.*
as duas jovens *trabalhadoras*	As jovens *trabalham.*

Observa-se que, na coluna A, o adjetivo (*trabalhador*), o artigo definido (*o*), o pronome adjetivo (*nosso*) e o numeral adjetivo (*duas*) concordam com o substantivo em gênero (masculino/feminino) e número (singular/plural). Trata-se nesse caso da CONCORDÂNCIA NOMINAL.

Na coluna B, a CONCORDÂNCIA diz-se VERBAL: o verbo (*trabalhar*) concorda com o sujeito em número (singular/plural) e pessoa (1.ª, 2.ª e 3.ª).

CONCORDÂNCIA NOMINAL

Artigos, adjetivos, pronomes adjetivos e numerais adjetivos concordam com os substantivos em gênero e número:

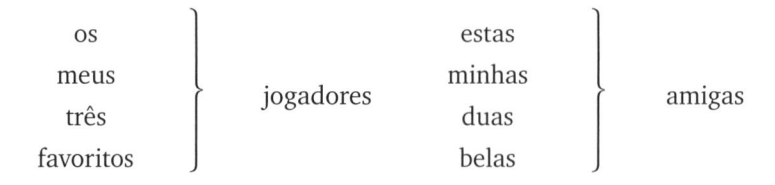

os		estas	
meus	jogadores	minhas	amigas
três		duas	
favoritos		belas	

No caso da concordância do adjetivo com dois ou mais substantivos, deve-se levar em conta a posição do adjetivo em relação ao substantivo.

DEPOIS do substantivo:

a) substantivos do mesmo gênero ⟹ adjetivo no plural:
  campo e jardim *belos*
  casas e ruas *animadas*.

b) substantivos de gêneros diferentes ⟹ masculino plural ou concordância com o mais próximo:
  campo e praia *bela(os)*
  praia e campo *belo(s)*

c) substantivo no plural modificado por dois adjetivos no singular:
  as bandeiras brasileira e francesa (= a bandeira *brasileira* e a bandeira *francesa*)

Saiba mais

▶ No caso de dois adjetivos e um substantivo, pode-se empregar o substantivo no singular e repetir o artigo antes do segundo adjetivo:
  a bandeira *brasileira* e a *francesa*.
▶ Há também casos em que o adjetivo pode parecer modificar um só dos substantivos:
  as belas meninas e moças da terra.
Para evitar ambiguidade, deve-se repetir o adjetivo:
  as belas meninas e *as belas* moças da terra.
E para modificar apenas o primeiro substantivo, é só retirar o adjetivo do segundo e deixar o artigo:
  as belas meninas e *as* moças da terra.

ANTES do substantivo:

a) mais de um substantivo comum ⟹ adjetivo concorda com o mais próximo por questão de eufonia (= som mais agradável resultante da aproximação das palavras):
  belo campo e jardim
  belos campos e praias
  animada casa e ruas
  animadas casas e rua

b) mais de um substantivo próprio ⟹ adjetivo sempre no plural:
os *inovadores* Niemeyer e Lúcio Costa

> **Saiba mais**
>
> Em se tratando de nomes próprios, com adjetivo posposto ou anteposto, este fica sempre no plural, concordando com os dois substantivos próprios.

Tira-dúvidas

1. *Alerta* e *pseudo*: **flexionam-se ou não?**

   Não se flexionam:
   Todos os guardas estavam *alerta*. (adv.)
   Elas eram *pseudo*feministas. (prefixo)

2. *Anexo*: **flexiona-se ou não?**

   Anexo é adjetivo e concorda com o substantivo que modifica, em gênero e número:
   Seguem *anexas* as cartas. Segue *anexo* o convite.

> **Saiba mais**
>
> A locução adverbial *em anexo* é invariável.
> As cartas seguem *em anexo*.

3. *Bastante*: **flexiona-se ou não?**

   Consideram-se os casos:

   ▶ *bastante* = *muitos* (pron. adj. indef.) flexiona-se:
   Temos *bastantes* livros.

   ▶ *bastante* = *suficiente* (adj.) flexiona-se:
   Três especialistas são *bastantes* para preparar aquela obra.

▶ *bastante* = *suficientemente* (adv.) não se flexiona:
Elas trabalham *bastante*.

4. *Conforme*: flexiona-se ou não?

▶ *conforme* (conj.) = *como, segundo* não se flexiona:
Fiz os trabalhos *conforme* você determinou.
Conforme meu amigo João, amanhã teremos bom tempo.

▶ *conforme* (adj.) = *concorde* flexiona-se:
As duas leis estavam *conformes*.

5. *Gramas*: *quinhentos* ou *quinhentas*?

Grama, unidade de medida de massa, é masculino; logo a forma correta é *quinhentos gramas*:
Emagreci *quinhentos gramas* na semana passada.

6. *Junto*: flexiona-se ou não?

Junto, adjetivo, flexiona-se, conforme o substantivo a que se refere:
No jantar, o Presidente e o Ministro estavam *juntos*, e as esposas combinaram ir *juntas* a Paris.

Saiba mais

▶ Na linguagem coloquial há tendência de usar *junto* como advérbio, portanto invariável, em frases como:
Fui a pé, e ele veio *junto*.
▶ As locuções prepositivas *junto a* e *junto de* não se flexionam:
Ela estava *junto à* ponte.
Eles estavam *junto de* mim.
▶ Convém não usar frases do tipo:
Resolveu o problema *junto* à gerência.
A expressão *junto a* deve referir-se a espaço físico; logo deve-se dizer:
Resolveu o problema *com* a gerência.

7. *Meio*: flexiona-se ou não?

▶ meio = *metade* (numeral fracionário) flexiona-se para concordar com o substantivo:
    Comi meia maçã.

▶ meio = *um pouco* (advérbio de intensidade) modifica adjetivo e não se flexiona:
    Ela estava *meio* cansada.

8. *Melhor*: flexiona-se ou não?

▶ melhor = *mais bom* flexiona-se:
    Elas fizeram os *melhores* trabalhos da turma.

▶ melhor = *mais bem* não se flexiona:
    Os jogadores da seleção atuaram *melhor*.

9. *Menos*: flexiona-se ou não?

Menos não se flexiona:
    Hoje há *menos* pessoas ali.
    Fale *menos*.
    Hoje ela está *menos* cansada.

10. *Mesmo*: flexiona-se ou não?

▶ mesmo = *próprio* concorda com o pronome ou com o substantivo a que se refere:
    Elas *mesmas* digitaram todo o texto.
    A professora *mesma* resolveu o problema que propusera.

▶ mesmo = *visto, conhecido* (adj.) concorda com o substantivo a que se refere:
    Visitei os *mesmos* museus.

▶ mesmo = *inclusive, até* não se flexiona:
    Mesmo elas desconheciam o programa antivírus.

▶ mesmo = *a mesma coisa* (s.m.) não se flexiona:
    Era sempre o *mesmo*: chegava atrasado e pedia desculpas.

▶ *mesmo* = *exatamente, justamente* (adv.) não se flexiona:
  Saiu neste momento *mesmo*.
  Vou hoje *mesmo*.

11. *Milhares*: *os milhares* ou *as milhares*?

Milhar (e também *milhão*) são palavras do gênero masculino; assim, seus determinantes (artigo, pronome e numeral) deverão ficar no masculino:
  Os milhares de admiradoras do cantor ficaram consternados com o acidente.

12. *Muito*: flexiona-se ou não?

▶ *muito* = *algum* (noção de quantidade) flexiona-se:
  Temos *muitos* livros.
  Ela já expôs *muitas* obras de arte.

▶ *muito* = *demais* (noção de intensidade) não se flexiona:
  Elas trabalham *muito*.

13. *O mais possível* ou *os mais possíveis*?

O adjetivo *possível*, precedido das expressões *o/a mais*, *o/a menos*, *o/a melhor*, *o/a pior*, mantém-se no singular:
  Eram tarefas *o mais possível* complicadas.

Se, no entanto, a partícula *o/a* estiver no plural, o adjetivo *possível* ficará no plural:
  São paisagens *as mais* belas *possíveis*.

14. *Ser necessário*: *necessário* flexiona-se ou não?

Esse adjetivo segue a concordância de *proibido*, acompanhado de substantivo determinado por artigo, flexiona-se:
  Será *necessária* a parada da produção para substituição do abafador.

Não se flexiona se o substantivo estiver sem artigo, ou se ao adjetivo seguir-se uma oração:
> Será *necessário* parada da produção para substituição do abafador.
> É *necessário* que as fábricas parem a produção de tecido.

15. *Obrigado*: flexiona-se ou não?

Como agradecimento, *obrigado* flexiona-se em gênero e número de acordo com a pessoa a que se refere.
> Obrigadas, pelo presente, disseram elas.
> *Obrigados*, pela ajuda, disseram eles.

16. *Ser proibido*: flexiona-se ou não?

▶ *proibido*, seguido de artigo e substantivo, flexiona-se:
> É *proibida a* entrada de estranhos.

▶ *proibido*, se não estiver acompanhado de substantivo determinado por artigo, não se flexiona:
> É *proibido* entrada de estranhos.

▶ *proibido*, seguido de oração, não se flexiona:
> É *proibido* colar cartazes neste recinto.

Saiba mais

A palavra *permitido*, na construção *ser permitido*, segue as mesmas normas de concordância.
> Não é *permitida* a entrada de estranhos.
> Não é *permitido* entrada de estranhos.
> Não *é permitido* colar cartazes neste recinto.

17. *Próprio*: flexiona-se ou não?

Flexiona-se para concordar com o pronome ou com o substantivo a que se refere:
> Elas *próprias* digitaram todo o texto.
> A compra da casa *própria* é o sonho de todo brasileiro.

18. *Quite*: flexiona-se ou não?

A palavra *quite* flexiona-se:
>Estou *quite* com você e você comigo; logo estamos *quites*.

> **Saiba mais**
>
> Não se deve dizer
>>Estou *quites* com você,
>
> mas
>>Estou *quite* com você.

19. *Só*: flexiona-se ou não?

▶ *só* = *sozinho* flexiona-se quanto a número e concorda com o substantivo ou pronome a que se refere:
>Elas estavam *sós*.

▶ *só* = *somente* não se flexiona:
>*Só* elas desconheciam o fato.

> **Saiba mais**
>
> A expressão *a sós* é uma locução adverbial formada com o adjetivo *sós* no plural:
>>Depois da festa o casal ficou *a sós*.

20. *Todo*: flexiona-se ou não?

▶ *todo* = *qualquer* flexiona-se apenas em gênero:
>*Todo estado recolhe* ICMS.
>*Toda* equipe tem dissensões.

▶ *todo* = *inteiro* flexiona-se apenas em gênero e é precedido de artigo:
>*Toda a* equipe viaja para a competição.
>Passeamos por *todo o* país.

> **Saiba mais**
>
> No sentido de *inteiro*, o substantivo que acompanha a palavra *todo* vem precedido de artigo definido. Comparem-se:
> todo país =   qualquer país, cada país:
>   Todo país tem o seu governo.
> todo o país = o país inteiro:
>   A notícia espalhou-se por todo o país.

▶ *todos = totalidade* (pron. adj. indef. pl.) vem sempre acompanhado de artigo:
> *Todos os* homens da família estavam na festa, mas nem *todas as* mulheres tinham comparecido.

▶ *todos* (pron. subst. indef.) vem sempre no plural, variando apenas o gênero:
> *Todos* dizem eu te amo!
> *Todas* dizem eu te amo!

CONCORDÂNCIA VERBAL

O verbo concorda com o sujeito em número e pessoa:
> Depois do almoço, *o menino saiu* com os amigos.
> *Nós saímos* para o trabalho sempre na hora do engarrafamento.
> *Eles prestaram* informações valiosas à justiça.
> *O juiz aposentado e o senador cassado prestaram* informações à justiça.

> **Saiba mais**
>
> Quando o sujeito for pronome de tratamento, o verbo fica na terceira pessoa e varia quanto a número:
> S. Ex.ª será o fiel da balança na eleição para a presidência do Senado.
> V. S.^{as} estão convidados para a solenidade de posse.

O papel do sujeito na CONCORDÂNCIA VERBAL

Na concordância verbal, deve-se considerar se o sujeito é simples ou composto, bem como a posição do verbo em relação ao sujeito.

A) Concordância com SUJEITO SIMPLES

O verbo concorda com o núcleo do sujeito venha este anteposto ou posposto ao verbo:
A *situação* dos barcos *será discutida* brevemente.
ou
Será discutida brevemente a *situação* dos barcos.

B) Concordância com SUJEITO COMPOSTO

O verbo vai para o plural se o sujeito composto vier *anteposto*:
A *tradição* e a *excelência do ensino* de uma universidade *determinam* sua escolha pelos vestibulandos.

Quando o sujeito anteposto for composto de núcleos de pessoas diferentes, deve-se considerar a pessoa que tiver precedência na enumeração gramatical:
Ela e eu (nós) sairemos agora. (3.ª e 1.ª p. ⟹ 1.ª p. pl.).
Tu e ela (vós) saireis agora. (2.ª e 3.ª p. ⟹ 2.ª p. pl.).
ou
Tu e *ela sairão* agora (possível a concordância com a 3.ª, por ser a 2.ª pl. pouco usada).

Se o sujeito vier *posposto*, o verbo vai para o plural ou concorda com o núcleo do sujeito mais próximo, se houver interesse em destacá-lo:
Sairão o Presidente e *os ministros*.
Sairá o Presidente e os ministros.

Se o sujeito for constituído de mais de um núcleo em enumeração gradativa, ou de elementos considerados um todo indivisível, ou, ainda, constituído de sinônimos, o verbo vai para o singular:
Fala, grito, berro irrita meus ouvidos. (Fala, grito, berro: enumeração gradativa)
A graça e *a misericórdia* de Deus te *acompanhe*! (*A graça* e a *misericórdia de Deus*: todo indivisível)

A *bem-aventurança* e *a felicidade* eterna *é* estado próprio das almas santas. (*A bem-aventurança* e *a felicidade eterna*: sinônimos)

Tira-dúvidas

1. *A maioria de* + palavra no plural, verbo no singular ou no plural?

As duas formas são possíveis. Sujeito constituído de expressões partitivas (*a maioria de, a maior parte de, metade de, parte de, uma porção de*), seguidas de substantivo ou de pronome na 3.ª p. pl., leva o verbo para o singular ou para o plural:
> *Metade dos cariocas aprovou/ aprovaram* a realização do festival de forró.
> *A maioria deles aprovou/ aprovaram* a realização do festival de forró.

2. *Bateram* ou *bateu* 10 horas?

A forma correta é *bateram*. O verbo *bater* (*dar, soar*), sem sujeito, e na indicação de horas, concorda com o numeral que o acompanha:
> *Bateram* 10 horas e ele resolveu sair. *Deram* 10 horas.

Saiba mais

Com o sujeito explícito, a concordância segue a norma geral:
> *O relógio bateu* 10 horas.

3. *Com*, em sujeito composto: verbo no singular ou no plural?

A forma adequada é verbo no plural. Se os núcleos do sujeito se ligam pela preposição *com*, com valor aditivo, o verbo fica no plural:
> *Maria com o namorado chegavam* no momento.

> **Saiba mais**
>
> Se a preposição *com* estiver iniciando adjunto adverbial, este geralmente entre vírgulas, o verbo ficará no singular:
> > *Maria*, com o namorado, (em companhia do) *chegou* no início da festa.

4. *É que*: o verbo flexiona-se ou não?

Com a expressão invariável *é que*, o verbo concorda com o sujeito que precede a expressão:
> *Nós* é que *fizemos* a sugestão.
> *As meninas* é que *fizeram* a sugestão.
> *Eu* é que *fiz* o bolo.

> **Saiba mais**
>
> Às vezes encontra-se flexão da expressão
> – ou porque desmembrada, como na segunda metade da quadrinha popular:
> > As rosas é que são belas.
> > Os espinhos é que picam.
> > Mas *são* as rosas que caem.
> > *São* os espinhos que ficam.
> > (Sem indicação de fonte. Transcrita de CUNHA, Celso. *Manual de Português*. 5.ª ed. 3 e 4.ª séries ginasiais. Rio de Janeiro: São José, 1964);
>
> – ou por atração sintática:
> > Nós *éramos* que *fazíamos* as tarefas para ele.

5. *Estados Unidos*: verbo no singular ou no plural?

Se o sujeito plural for nome próprio precedido de artigo, o verbo vai para o plural:

Os Estados Unidos apoiam grupos de defesa do meio ambiente.

6. *Faz* ou *fazem* em expressões de tempo?

O verbo *fazer* e *haver*, em expressões que indicam tempo decorrido, são impessoais e só se empregam na 3.ª pessoa do singular:
Faz três anos que a Linha Amarela foi inaugurada.
Há três anos a Linha Amarela foi inaugurada.

7. *Há* de haver ou *hão* de haver?

A forma correta é *há de haver*. Verbo auxiliar (no caso, a primeira forma de *haver*) que acompanha verbo impessoal (a segunda forma de *haver*) mantém-se na 3.ª pessoa do singular:
Há de haver países interessados na exportação da carne brasileira.

Saiba mais

Se o verbo principal for *existir*, o auxiliar concorda com o sujeito:
Hão de existir pessoas interessadas na exportação da carne brasileira.

8. *Havia* ou *haviam* + substantivo plural?

A forma correta é *havia*. O verbo *haver* = *existir* é impessoal e só se emprega na 3.ª pessoa do singular:
Não *havia* razões que justificassem tal comportamento.

Saiba mais

▶ O verbo *existir* é pessoal e concorda com o sujeito:
Não *existiam razões* que justificassem tal comportamento.
▶ *Haver-se* = *comportar-se*, *sair-se* é pessoal e concorda com o sujeito:
Ela *se houve* bem na festa.
Nossos filhos *houveram-se* bem nos exames.

9. *Mais de um*: verbo no singular ou no plural?

A forma correta é *mais de um* com verbo no singular. Sujeito constituído de expressões que indicam quantidade aproximada (*cerca de, mais de, menos de, perto de*), seguidas de numeral e substantivo, leva o verbo a concordar com o numeral:
> *Mais de um presidente defendeu* a abertura comercial.
> *Perto de duzentas mil pessoas compareceram* ao festival de cinema.

> **Saiba mais**
>
> Quando a expressão *mais de um* indicar reciprocidade, o verbo fica no plural, o mesmo acontecendo se a expressão vem repetida:
> > *Mais de um jogador de times diferentes deram-se* as mãos na defesa do esporte amador.
> > *Mais de um aluno, mais de um professor apoiam* o diretor na reivindicação.

10. *Mandou* (ou *viu*) + *os* + *infinitivo*: singular ou plural do infinitivo?

A forma adequada é *mandou* + *os* + *infinitivo singular*. Se os verbos causativos (*mandar, fazer, deixar* e sinônimos) e/ou os verbos sensitivos (*ver, ouvir, sentir* e sinônimos) vierem seguidos do pronome *os* + oração com verbo no infinitivo, o mais comum é o infinitivo não se flexionar quando o seu sujeito for pronome átono:
> Mandou-*os sair* da sala.
> Viu-*os sair* da sala.

> **Saiba mais**
>
> ▶ Se o sujeito for substantivo plural seguido de infinitivo, este se flexiona:
> > Mandou *os meninos saírem* da sala.
> > Viu *os meninos saírem* da sala.

> ▶ Se o substantivo plural sujeito vier posposto ao infinitivo, a tendência é não flexioná-lo:
> Deixa *passar* tão *boas oportunidades*?

11. *Nem* ligando elementos do sujeito composto: verbo no singular ou no plural?

A forma adequada é o verbo no plural. Sujeitos ligados pelas conjunções *nem* com sentido de adição levam o verbo ao plural:
> Nem *a resignação*, nem *a paz* lhe *cabem* mais na vida.

> **Saiba mais**
>
> ▶ O mesmo se diga para sujeitos ligados pela conjunção *ou*:
> *Resignação* ou *paz* lhe *cabem* na vida.
> ▶ Se houver ideia de exclusão, o verbo ficará sempre no singular:
> Nem *Pedro* nem *Paulo será eleito* presidente.
> Ou *Pedro* ou *Paulo será eleito* presidente.

12. *Nem um nem outro*; *um ou outro*: verbo no singular ou no plural?

A forma adequada é verbo no singular. Expressões do tipo *nem um nem outro*, *um ou outro*, seguidas ou não de substantivo, deixam o verbo no singular:
> Nem um nem outro *compreendeu* o problema.
> Um ou outro (aluno) *deveria* comparecer.

13. *Numeral fracionário:* verbo no singular ou no plural?

O verbo deverá concordar com o numerador da fração:
> *Um quarto* dos bens *ficará* para nós.
> *Dois quartos* do bolo não *satisfizeram* a sua fome compulsiva.

14. *Número percentual* (%): verbo no singular ou no plural?

Depende do especificador, uma vez que a tendência moderna é fazer o verbo concordar com o termo preposicionado que especifica a referência numérica. Assim, especificador singular leva o verbo para o singular; especificador plural leva o verbo para o plural:
>*30% da turma deixou* de pagar a mensalidade.
>*30% dos alunos deixaram* de pagar a mensalidade.
>*40% da produção de bananas do país perde*-se por falta de conhecimento específico.
>*40% das bananas perdem*-se.

> **Saiba mais**
>
> Quando a expressão não vem seguida de substantivo, o verbo concorda com o numeral:
>>*99% foram reprovados* e apenas *1% foi aprovado*.

15. *Precisa-se de* ou *precisam-se de* + substantivo plural?

A forma correta é *precisa-se*. O verbo fica no singular uma vez que o sujeito é indeterminado pelo pronome *se* (=índice de indeterminação do sujeito):
>*Precisa-se* de operários naquela obra.

> **Saiba mais**
>
> O sujeito indeterminado somente ocorre com o verbo cujo complemento é regido de preposição ou com verbo que não tenha complemento.
>>*Ama-se* a bons autores.
>>*Precisa-se* de empregados.
>>Não *se come* bem neste restaurante.
>>Não *se é* bem *tratado* aqui.

16. *Quais de nós*: verbo no singular ou no plural?

Expressões com pronomes pessoais *nós/vós* precedidos de interrogativo ou indefinido no plural (*quais de nós/vós, alguns dentre nós/vós, vários de nós /vós*) levam o verbo, de preferência, para a terceira do plural, embora se admita concordância com o pronome pessoal:
Quais de nós sairão (ou *sairemos*)?
Quais dentre vós sairão (*saireis*)?

17. *Qual de nós*: verbo no singular ou no plural?

A forma correta é *qual de nós* com verbo no singular. Expressões precedidas de interrogativo ou indefinido no singular (*qual de nós/vós, algum dentre nós/vós*) levam o verbo para o singular:
Qual de nós sairá?

18. *Que* (*pronome relativo*) *como sujeito:* verbo no singular ou no plural?

O verbo concorda com o antecedente do pronome *que*:
Os jogadores *que viajaram* sem permissão perderão o prêmio. (antecedente: *jogadores*)
Eis o menino *que viajou* sem permissão. (antecedente: *menino*)
Fomos nós *que viajamos* sem permissão. (antecedente: *nós*)

> ### Saiba mais
>
> Se o antecedente do pronome relativo for predicativo de um pronome pessoal sujeito, o verbo da oração iniciada pelo *que* concordará com o pronome pessoal, ou com o antecedente do pronome relativo:
> Nós somos aqueles *que* aqui *estivemos* ontem. (concorda com o pronome *nós*)
> Nós somos aqueles *que* aqui *estiveram* ontem. (concorda com antecedente *aqueles*)

19. *Quem* (*pronome relativo*) *como sujeito:* verbo no singular ou no plural?

A forma adequada é singular. Com o pronome relativo *quem*, o verbo vai para a terceira pessoa do singular:
Fui eu *quem pagou* aquela conta.

> **Saiba mais**
>
> Não faltam, no entanto, exemplos de bons autores em que se faz a concordância com o pronome pessoal, quando ele é o antecedente do relativo *quem*. É esta a concordância preferida da linguagem popular:
> Fui eu *quem paguei* a conta.

20. *Ser* usa-se no singular ou no plural?

▶ entre dois substantivos de números diferentes,

■ se o verbo *ser* tem como sujeito um substantivo comum no singular e como predicativo outro substantivo comum no plural, o verbo pode ficar no plural ou no singular, concordando com o elemento que se deseja destacar:
O maior problema *eram as provas* do final de ano. (destacam-se *as provas*; concordância mais usual)
O maior problema era as provas do final de ano. (destaca-se *o problema*)
Minha alegria *são* as suas vitórias. (destacam-se *as vitórias*; concordância mais usual)
Minha alegria *é* as suas vitórias. (destaca-se *a alegria*)

■ se o verbo *ser* tem como sujeito um substantivo próprio, o verbo fica no singular:
O Papa João Paulo *era* (=representava) as esperanças dos povos oprimidos.

▶ com substantivo coletivo como sujeito, o verbo concorda com o predicativo:
O resto *são dúvidas cruéis*.

▶ em expressões de tempo, concorda com o núcleo do predicativo:
Hoje *são vinte* de janeiro.
Hoje *é dia* vinte de janeiro.

▶ com expressões específicas de peso, preço e quantidade, o verbo *ser* não varia:
Cinco quilos de bolo *é* muito para a festa.
Três mil reais *é* muito dinheiro por aquele objeto.

▶ quando o sujeito for representado por vocábulo semanticamente indefinido (*tudo, isto, isso, aquilo*), e o predicativo for um substantivo plural, o verbo concordará com o predicativo:
Tudo *são hipóteses* nesta fase inicial da pesquisa.

21. Sujeito composto tomado como um todo indivisível: verbo no singular ou no plural?

Expressão tomada como um todo leva o verbo para o singular:
Em seu rosto, *passado e presente* (=marcas do tempo) *estava* impresso.
Queijo com goiabada (=típica sobremesa brasileira) sempre lhe *dava* água na boca.

22. Sujeito composto resumido por *tudo*: verbo no singular ou no plural?

A forma adequada é verbo no singular; sujeito composto resumido por *tudo, nada, ninguém, alguém* leva o verbo para o singular:
A cidade, os campos, os vales, *tudo estava* coberto de água, naquela enchente devastadora.
Um velho, uma dona de casa, uma criança, *alguém deveria* ter visto o furto.

23. *Um e outro*: verbo no singular ou no plural?

As duas formas são cabíveis. Sujeito constituído pela expressão *um e outro*, seguida ou não de substantivo — este sempre no singular —, leva o verbo ao plural e raramente ao singular:
Um e outro (delegado) *declararam/declarou* guerra aos ladrões.

24. *Um(a) dos(das) que*: verbo no singular ou no plural?

Ambas as formas são possíveis: sujeito constituído da expressão *um dos que* — ou seu feminino — leva o verbo para o plural e raramente para o singular:

> *Um dos que* mais *se aborreceram / aborreceu* com o fato fui eu.
> *Uma das que* mais *se aborreceram / aborreceu* com o fato fui eu.

> **Saiba mais**
>
> Se a expressão vier seguida de substantivo — no plural —, o verbo ficará no plural:
> *Uma das pessoas que* mais *se aborreceram* com o fato fui eu.

25. *Vendem-se* ou *vende-se?*

As duas formas são possíveis, de acordo com o número do sujeito. Na voz passiva com o pronome *se* (pronome apassivador), o verbo concorda com o sujeito, geralmente posposto:

> *Vende-se casa.* (casa é vendida)
> *Vendem-se casas.* (casas são vendidas)

> **Saiba mais**
>
> A construção *verbo transitivo direto + pronome se*, sem agente da ação, expressa uma forma de voz passiva. Nesse caso o verbo concorda com o termo que representa o paciente da ação (sujeito passivo) geralmente posposto ao verbo:
> Não *se fazem* mais *heróis* como antigamente.
> *Cometem-se muitos erros* antes de acertar.

Exercícios (gabarito no final do livro)

1. Assinale a justificativa para a concordância nominal sublinhada na frase "Visitei belas igrejas e museus em Roma".

   a) O adjetivo anteposto a dois ou mais substantivos geralmente concorda com o mais próximo.
   b) O adjetivo concorda em gênero e número com o substantivo que modifica.
   c) O adjetivo vai para o plural quando modifica mais de um substantivo.
   d) O adjetivo vai para o plural, quando modifica substantivos de gêneros distintos.
   e) O adjetivo anteposto ao substantivo vai sempre para o plural masculino.

2. Assinale o caso de concordância em desacordo com o que estabelece o padrão culto, presente no conjunto de frases a seguir:

   a) Ninguém deixou as crianças sós.
   b) Como só vocês poderiam ir à festa?
   c) Nós mesmas faríamos o contato com o gerente do hotel.
   d) Vocês estavam quites com o fisco?
   e) As moças se viram obrigada a reconhecer o erro.

3. Assinale a justificativa que melhor se aplica à concordância nominal destacada na frase "Seguem anexos os convites para os pais e os tios da noiva".

   a) A palavra deve flexionar porque o verbo está na 3.ª p. pl.
   b) "Anexo" é adjetivo e deve concordar com o substantivo que modifica.
   c) O adjetivo veio anteposto ao substantivo.
   d) Trata-se da locução "seguir anexo" com flexão por analogia.
   e) A palavra "anexo" flexiona-se apenas em número.

4. Destaque o único caso em que não se deve flexionar o termo sublinhado.

    a) Visitei os <u>famosos</u> Tarcísio e Glória.
    b) Admirei as praças e ruas <u>animadas</u> daquela cidade.
    c) Todos os moradores ficaram <u>alertas</u>.
    d) A criança apenas conseguiu comer <u>meia</u> pera.
    e) Os jogadores da Seleção foram responsáveis pelos <u>melhores</u> jogos da temporada.

5. Assinale a explicação adequada da concordância nominal do termo sublinhado na frase "Maria estava <u>meio</u> desanimada":

    a) O advérbio <u>meio</u> admite flexão de gênero.
    b) O numeral <u>meio</u> nunca se flexiona.
    c) A palavra <u>meio</u> só admite flexão de número.
    d) <u>Meio</u> como advérbio não se flexiona.
    e) A palavra <u>meio</u>, se anteposta, não se flexiona.

6. Assinale o item em que o padrão culto da língua considera inadequada a concordância verbal.

    a) Você e eu estaremos presentes às festividades.
    b) Aluga-se muitas casas por ali.
    c) Como estariam minha irmã e minha sobrinha naquela festa?
    d) Claro que eu saberia se houvesse pessoas desonestas ali.
    e) Fui uma das pessoas que mais se aborreceram com o fato.

7. Complete com o verbo dos parênteses, fazendo a concordância adequada.

    a) Um e outro transeunte _____ (*parar* – imperf. ind.), para observar o espetáculo.
    b) Quais dentre nós _____ (*ter* – fut. pret. ind.) a coragem de dizer-lhe tantas verdades?
    c) Qual de vós _____ (*ter* – fut. pret. ind.) a coragem de dizer-lhe tantas verdades?
    d) Maria foi uma das que _____ (*presenciar* – pret. perf.) o acidente.
    e) Nenhum de nós _____ (*ter* – fut. pret. ind.) a coragem de dizer-lhe tantas verdades.

8. De acordo com o padrão culto da língua, considera-se inadequada a concordância verbal da seguinte alternativa:

   a) Mimos, elogios, festas, nada interessavam mais à moça triste.
   b) Quinhentos reais é muito dinheiro por aquele vestido.
   c) Minha preocupação eram as dívidas da moça.
   d) Minha grande tristeza era as grosserias da moça.
   e) Fomos nós quem pediu o prato com camarão.

9. Complete com o verbo dos parênteses, fazendo a concordância adequada.

   a) Pedi que vocês _____ (aguar – imperf. subj.) as plantas e não o fizeram.
   b) _____ (ser – imper. afirm.) franco com ela e tereis uma grata surpresa.
   c) Ouvi quando _____ (dar – perf. ind.) 11 horas no relógio da igreja.
   d) Seria necessário que tu e ela _____ (estar – imperf. subj.) presentes ali, naquele exato momento.
   e) Como você deve saber, hoje _____ (ser) 22 de abril.

10. Assinale a melhor afirmativa para justificar a NÃO flexão da forma verbal na frase "Necessita-se de pessoas honestas no País".

    a) O verbo vem anteposto ao complemento.
    b) Não se trata de voz passiva.
    c) O verbo é transitivo indireto.
    d) O sujeito passivo vem regido de preposição.
    e) O sujeito é indeterminado.

11. CONECTIVOS: CONJUNÇÃO, PREPOSIÇÃO E PRONOME RELATIVO

Conectivo é o nome genérico do termo que liga elementos da oração ou orações entre si. O emprego inadequado dos conectivos prejudica a compreensão da mensagem, como em

Ela é boa profissional, *mas* é muito eficiente.

O conectivo *mas* exprime oposição, contraste de ideias, o que não ocorre entre *ser boa profissional* e *ser muito eficiente*, ambas qualidades positivas Logo o emprego de *mas,* nesse caso, é equivocado.

São conectivos: conjunções, preposições e pronomes relativos.

A) Observem-se as orações:
 a) João virá.
 b) João não trará os resultados do exame.

Essas duas orações podem ser associadas num só período de modo a evitar repetições:

João virá, *mas* não trará os resultados do exame.
↓
conjunção

B) Observem-se agora os substantivos *livro* e *Pedro* e a relação de posse que se pode expressar entre os dois elementos, com o uso da preposição *de*:

livro *de* Pedro
↓
preposição

C) Observem-se, ainda, as seguintes frases:
 a) Comprei o livro.
 b) O livro era o mais bem ilustrado.

Para evitar a repetição do substantivo *livro,* que ocorre nas duas sentenças, pode-se substituí-lo pelo pronome relativo *que*:

Comprei o livro *que* era o mais bem ilustrado.
↓
pron.relativo

CONJUNÇÕES

As conjunções são vocábulos invariáveis que relacionam termos dentro de uma oração ou orações entre si. Podem ser:

A) coordenativas quando relacionam termos de mesma função na oração, ou orações independentes:

> Comprei cadernos *e* livros, *mas* esqueci-me do material de desenho. (na 1.ª oração, há dois termos com a função de objeto direto *cadernos* e *livros*; e as duas orações são independentes)

B) subordinativas quando ligam orações, uma das quais determina ou completa o sentido da outra:

> Quero *que* você esteja aqui *quando* ele chegar. (As orações não têm o mesmo valor; uma depende da outra)

Tira-dúvidas

1. *À medida que* ou *na medida em que*?

A forma correta é *à medida que*. Embora muito frequente, na linguagem coloquial, a segunda expressão não tem amparo no registro formal. A forma adequada é *à medida que*, empregada para expressar ideia de proporção:

> *À medida que* os dias passavam, mais difícil se tornava a recuperação da plataforma de petróleo.

> **Saiba mais**
>
> Muitas vezes emprega-se *na medida em que* para expressar causa, quando deveria ser usado *uma vez que*:
>
>> Ninguém foi processado *uma vez que* as provas não foram suficientes. (Não se diga: Ninguém foi processado *na medida em que* as provas não foram suficientes.)
>
> Para indicar intensidade, em lugar de progressão, pode-se empregar *na mesma medida*:
>
>> *Na mesma medida* em que você participar, participarei eu daquela campanha benemérita.

2. *Como* equivale a *porque* ou a *conforme*?

▶ *como* (= porque) expressa motivo, causa e, nesse sentido, somente se emprega no início do período:
Como ameaçava chover, voltamos logo para casa.

▶ *como* (= conforme) inicia oração que exprime conformidade de pensamento com outra:
Executamos a tarefa, *como* nos foi solicitado.

> **Saiba mais**
>
> ▶ *Como* pode ser também conjunção comparativa:
> Agiu *como* (agiria) se fosse interessada direta no caso.
>
> ▶ Deve-se evitar, por redundante, a expressão *como sendo*:
> Classificou nossa atitude *como* precipitada. (E não: Classificou nossa atitude *como sendo* precipitada.)

3. *Contudo* ou *com tudo*?

As duas formas são possíveis:

▶ *contudo* = mas, porém (conj. coord. advers.):
Ela é atenta; *contudo* está dispersiva hoje.

▶ *com tudo* (prep. *com* + pron. indef. *tudo*):
Ela está *com tudo* e não está prosa.

4. *Enquanto* indica *simultaneidade* ou *contraste com simultaneidade*?

▶ enquanto = simultaneidade SEM constraste:
Enquanto você digita o trabalho, vou preparar o lanche. (simultaneidade)

▶ enquanto = simultaneidade COM constraste
Enquanto uns enriquecem outros vivem na maior miséria. (contraste com simultaneidade)

> **Saiba mais**
>
> Embora de uso frequente, não se deve empregar *enquanto* com o sentido de *na qualidade de*. Logo não se diga:
> Enquanto professora não aceito imposições de leigos
> mas
> Na qualidade de professora não aceito imposições de leigos.

5. *Mas* ou *mas porém*?

A forma correta é a primeira. A conjunção *mas* indica ideia contrária; é incorreta a repetição de duas conjunções que expressam a mesma noção, tais como: *mas... porém*; *e nem*; *mas... entretanto*:
João faltou à reunião, *mas* enviou justificativa. (Não se diga: ... faltou à reunião; *mas enviou, porém, justificativa* ou João faltou à reunião; *mas enviou, entretanto*, justificativa.)
João não veio à reunião, *nem* enviou justificativa. (Não se diga: João não veio à reunião *e nem* enviou justificativa.)

6. *Não só...mas também* ou *não...mas também*?

A forma correta é a primeira. Trata-se de duas expressões que correlacionam, com ênfase, duas ideias que se complementam. Essa correlação enfática precisa ser explicitada pelas expressões *não só... mas também*, o que não ocorre na segunda opção:
Não só estuda, *mas também* trabalha.

> **Saiba mais**
>
> ▶ A mesma correlação enfática existe em *não só ... como também*:
> *Não só* compareceu à reunião *como também* trouxe informações preciosas.
>
> ▶ Sem a ênfase as frases ficariam:
> Estuda e trabalha.
> Compareceu à reunião e trouxe informações   preciosas.

7. *No entanto* ou *no entretanto*?

A forma correta é a primeira. O elemento que estabelece a relação de contraste é a expressão *no entanto*, que equivale a *entretanto*. A expressão *no entretanto* é um reforço inadequado:

    O *mouse* caiu e quebrou; *no entanto* continuamos o trabalho.

ou

    O *mouse* caiu e quebrou; *entretanto* continuamos o trabalho.

8. *Pois* emprega-se no início ou no meio da oração?

▶ *pois* (conjunção explicativa) usa-se no início da oração em que se justifica a ideia expressa na oração anterior:

    Dizem que ele é o melhor candidato, *pois* seus atos são coerentes com os princípios que defende.

▶ *pois* (conjunção conclusiva) emprega-se no meio ou no final da oração que expressa conclusão de uma ideia anterior:

    Fez um trabalho de pesquisa consistente; deverá, *pois*, receber o primeiro prêmio.

    Precisa chegar na hora certa; deverá acordar mais cedo, *pois*.

Saiba mais

Observe a pontuação do conectivo *pois* nas frases: como conclusivo, *pois* estará entre vírgulas, ou, se no final da frase, após a vírgula; como explicativo, será precedido de vírgula.

9. *Posto que* equivale a *embora* ou a *uma vez que*?

Posto que expressa a ideia de concessão e equivale, portanto, a *embora*, *ainda que*. Seu emprego em lugar de *uma vez que*, apesar de frequente, é inadequado porque a expressão não indica relação de causa/consequência:

    Elza foi nomeada, *posto que* não tivesse obtido a primeira classificação. (concessão)

    Não compareceu à entrega dos prêmios *uma vez que* (=porque) não fora convidada. (Não se diga: Não compareceu à entrega dos prêmios *posto que* não fora convidada)

10. *Seja ... seja* ou *seja ... ou*?

A forma correta é a primeira. As conjunções coordenativas alternativas quando correlatas se usam aos pares: *seja ... seja*; *ou ... ou*; *nem ... nem*; *quer ... quer*; *já ... já*.
    Seja dia, *seja* noite, estaremos a postos.
    Ou você estuda, *ou* será reprovado.
    Quer chova, *quer* faça sol, iremos à sua formatura.

> **Saiba mais**
>
> A conjunção *ou* pode ser empregada sem repetição:
>   Estude, *ou* será reprovado.

PREPOSIÇÕES

As PREPOSIÇÕES são vocábulos invariáveis que relacionam termos de uma oração, de modo que o significado do primeiro se explica ou se completa pelo significado do segundo:
    Vou *a* Roma.
    Todos saíram *de* casa.

Tira-dúvidas

1. *À janela* ou *na janela*?

As duas formas são possíveis:

- *à janela* = junto da janela:
  Maria estava *à janela*.

- *na janela* = sobre ela:
  A toalha estava *na janela*.

2. *À mesa* ou *na mesa*?

As duas formas são possíveis:

- *à mesa* = junto da mesa:
  As pessoas não devem sentar-se na mesa, mas *à mesa*.
- *na mesa* = sobre ela:
  Havia uma bela toalha *na mesa*.

3. *Antes de ele + verbo no infinitivo* ou *antes dele + verbo no infinitivo*?

A forma correta é a primeira: a norma culta recomenda não combinar a preposição (de) com o pronome sujeito (ele), ou com qualquer elemento que integre o sujeito:

   Antes *de ele* sair, recebeu um telefonema.
   Já é tempo *de o* coordenador decidir a questão.

Obviamente a combinação se faz quando NÃO se trata de sujeito.
   Temos de sair antes *dele*.
   Tenho permissão *do* coordenador para sair cedo.

4. *Ao encontro de* ou *de encontro a*?

As duas formas são possíveis:

- *ao encontro de* = em favor de:
  As propostas do Congresso vieram *ao encontro das* necessidades dos trabalhadores. (trabalhadores beneficiados)

- *de encontro a* = em sentido oposto a:
  As propostas do Congresso vieram *de encontro às* necessidades dos trabalhadores. (trabalhadores prejudicados)

5. *Ao invés de* ou *em vez de*?

As duas formas são possíveis:

- *ao invés de* = ao contrário de (ideia de oposição):
  Ao invés de triste, ele ficou alegre com a notícia.

- *em vez de* = em lugar de (ideia de substituição):
  Vou estudar matemática *em vez de* ir à praia.

> **Saiba mais**
>
> ▶ A locução prepositiva *ao invés de* inicia oração subordinada que exprime contraste em relação a outra.
> Todos nós deveríamos apoiá-la *ao invés de* criticarmos suas ideias.
>
> ▶ A locução adverbial *ao invés* expressa oposição:
> Este livro não é um dicionário; *ao invés*, trata-se de um guia gramatical.

6. *Ao nível de* ou *em nível de*?

As duas formas são possíveis:

▶ *ao nível de* = à mesma altura:
O castelo estava *ao nível do* mar.

▶ *em nível de* = em determinada situação:
O projeto estava *em nível de* execução.

> **Saiba mais**
>
> Não se deve dizer *a nível de* no sentido de *em determinada situação*.

7. *A par de* ou *ao par de*?

As duas formas são possíveis:

▶ *a par de* = ter conhecimento de:
Você está *a par do* aumento da cotação do dólar?

▶ *ao par de* = junto com, ao lado de, em compasso com:
As constantes altas dos produtos de primeira necessidade, *ao par das* notícias de corrupção, tornaram o povo mais pessimista.

> **Saiba mais**
>
> Com o segundo sentido também é possível o emprego da forma *a par de*.

8. *Conosco* ou *com nós dois*?

As duas formas são possíveis:

- se não houver palavra de reforço, a forma será *conosco*:
    Saiu *conosco*.

- se houver palavra de reforço, *com nós*:
    Saiu *com nós* ambos.
    Voltou *com nós* dois.

> **Saiba mais**
>
> - Os numerais e o pronome *mesmo* podem ser considerados *palavras de reforço*:
>   Veio *com nós três*.
>   Saiu *com nós ambos*.
>   Estava *com nós mesmos*.
>
> - O mesmo se diga para *convosco* e *com vós ambos/dois/mesmos*.

9. *Em cores* ou *a cores*?

A forma correta é *em cores*, porque, com o substantivo *cor*, emprega-se a preposição *em*:
    Fotos em preto e branco e fotos *em cores*.
    Lá estava ele ao vivo e *em cores*.
    Difícil encontrar-se televisão em preto e branco; no comércio só há televisão *em cores*.

10. *Em domicílio* ou *a domicílio*?

As duas formas são possíveis:

▶ *em domicílio* = complementa verbos que pedem preposição *em*, como, por exemplo, *atender, entregar*:
    A loja entrega empadinhas *em domicílio*.
    Leciona-se *em domicílio*.

▶ *a domicílio* = complementa verbos que pedem preposição *a*, como por exemplo, *levar*:
    A loja leva as empadinhas *a domicílio*.

11. *Em princípio* ou *a princípio*?

As duas formas são possíveis:

▶ *em princípio* = teoricamente, em tese, de forma geral:
    Concordo, *em princípio*, com as decisões que você pretende tomar.

▶ *a princípio* = inicialmente, no começo:
    A princípio você deverá ler a bibliografia básica.

12. *Entrada em* e *saída de* ou *entrada e saída de*?

A forma correta é a primeira. Os substantivos *entrada* e *saída* pedem preposições diferentes, respectivamente *em* e *de*:
    A *entrada na* garagem e a *saída da* garagem se fazem em portas distintas.

Saiba mais

Não confundir *entrada no prédio* (ato de entrar) com *a entrada do prédio* (portaria).
    A *entrada no prédio* (o ato de entrar no prédio) faz-se, hoje, apenas pela *entrada* principal *do prédio* (portaria), que já está decorada.

13. *Entre mim* e *você* ou *entre eu* e *você*?

A forma correta é a primeira; regidas de qualquer preposição, empregam-se as formas pronominais *mim* e *ti*:
>Há divergências *entre mim* e *você*.
>*Entre mim* e *ti*, não há mais amizade.
>Entregue a conta *a mim*.
>Este livro é *para mim*.

> **Saiba mais**
>
> Apesar da preposição, se o pronome for sujeito, as formas adequadas serão *eu* e *tu*:
>> *Entre eu* comprar comida e *tu* comprares uma bijuteria, melhor é matarmos nossa fome.

14. *Junto a* ou *junto de*?

A forma correta é *junto a*, expressão que significa *perto de*:
>Na grande mesa de jantar, a neta mais velha sentava-se *junto ao* avô.

> **Saiba mais**
>
> Não se deve empregar *junto a* com sentido de *lugar onde*; é um modismo que deve ser evitado. A preposição correta é *em*:
>> A questão deve ser resolvida *na* secretaria. (e não *junto à* secretaria)

15. *Sob* ou *sobre*?

As duas formas são possíveis:

- *sob* = debaixo de:
  >O gato estava *sob* a mesa.

▶ *sobre* significa

– *em cima de*:
O gato estava *sobre* a mesa.

– *a respeito de*:
O livro versava *sobre* literatura.

– *com a garantia de*:
Tomei de empréstimo ao banco uma quantia *sobre* um imóvel que possuo.

16. *Sobre* ou *por sobre*?

A forma correta é a primeira. A preposição *sobre* já indica posição superior:
As nuvens *sobre* o aeroporto impediam a decolagem.

PRONOMES RELATIVOS

Os pronomes relativos ligam orações subordinadas adjetivas às suas principais. Eles representam um antecedente (nome ou pronome) da oração principal e exercem função sintática na oração em que se encontram. São eles:

Variáveis		Invariáveis
Masculino	Feminino	
o qual os quais	a qual as quais	que
cujo cujos	cuja cujas	quem
quanto quantos	---- quantas	onde
		como

EMPREGO DOS PRONOMES RELATIVOS

Que é o mais usado e, por isso, é chamado de relativo universal. Pode exercer qualquer função sintática.

> A *crise* de *que* todos falam originou-se da falta de sensibilidade daqueles governantes. (*que* = crise: adjunto adverbial de assunto, na segunda oração)
> Sou *o que* procuras. (*que* = o, aquele ou aquilo: objeto direto da segunda oração)

O qual emprega-se para evitar ambiguidade ou após preposição de duas ou mais sílabas.
Na frase:
> Conheço o pai da garota *que* se acidentou.

não está claro se o pronome *que* se refere *ao pai* ou *à garota*. Então deve-se dizer:
> Conheço o pai da *garota a qual* se acidentou. (*a qual* = a garota)
> Conheço o *pai da garota o qual* se acidentou. (*o qual* = o pai da garota)
> As disposições *segundo as quais* se regem estes concursos não foram claras. (segundo ⟹ preposição com três sílabas)

Quem se refere a pessoa ou ser personificado e vem sempre regido de preposição:
> É o ator *a quem* admiras. (pessoa)
> A boneca Emília *de quem* tanto falamos é uma famosa personagem de Monteiro Lobato. (ser personificado)

Cujo exprime *posse* e refere-se a um nome antecedente (ser possuidor) e a um consequente (ser possuído) com o qual concorda em número e gênero. Pode estar regido de preposição conforme a transitividade do nome ou do verbo a que esteja ligado.
> Há pessoas *cuja simpatia* é reconhecida por todos. (*cuja simpatia* = *simpatia das pessoas*; *cuja* é adjunto adnominal de *simpatia*).

> **Saiba mais**
>
> *Cujo* (e flexões) jamais admite a posposição de artigo e funciona sempre como adjunto adnominal:
> >   Esta é a *casa em cujos cômodos* se promovem as reuniões.
> >   (*cujos cômodos* = *cômodos da casa; cujos* é adjunto adnominal de *cômodos*).
>
> Não se deve dizer
> >   Esta é a *casa em cujos os cômodos* se promovem as reuniões.

Onde faz referência a lugar (= o lugar em que). Desempenha a função de adjunto adverbial de lugar e pode estar regido de preposição:
>   Caiu a ponte *por onde* passou a carreata.
>   O colégio *onde* estudas é excelente.
>   O lugar *aonde* vais não me parece adequado.

> **Saiba mais**
>
> *Onde* é lugar em que, e *aonde* é lugar para o qual. *Aonde* só se emprega com verbo de movimento. Assim:
> >   Colégio *onde* ele estuda. Cidade *aonde* vai.

Como faz referência a modo (= modo pelo qual). Desempenha a função de adjunto adverbial de modo e tem como antecedente palavras do tipo *maneira, forma, modo*:
>   A forma *como* agiu é louvável.

Tira-dúvidas

1. *Cujo* ou *cujo o*?

A forma correta é a primeira. Não se deve usar artigo depois ou mesmo antes de *cujo* (*-a, -os, -as*):
>   Lemos os artigos de *cujos* autores esquecemos. (e não de *cujos os* autores...)

2. *Cujo* ou *do qual* para expressar posse?

A forma correta é a primeira. Não se emprega o relativo *o qual* precedido de preposição para expressar posse. O pronome adequado é *cujo* (*-a*, *-os*, *-as*):

>O jornalista *cujas* crônicas todos conhecemos foi premiado.

> **Saiba mais**
> Não se diga:
>> O jornalista *do qual* todos conhecemos as crônicas foi premiado.
>
> Embora usada na linguagem popular, a frase é inadequada no registro formal.

3. *Cujo* ou *que* para expressar posse?

A forma correta é a primeira:

>O amor é sentimento *cujo* significado nem sempre sabemos.

> **Saiba mais**
> Na linguagem coloquial, o pronome *que* é usado frequentemente como relativo universal, em lugar dos demais relativos, embora muitas de tais construções não sejam adequadas no registro formal. Assim, não se diga:
>> O amor é sentimento *que* nem sempre sabemos seu significado, mas sim: O amor é sentimento *cujo* significado nem sempre sabemos.

4. *Onde* ou *aonde*?

As duas formas são possíveis:

- *onde* (usado com verbos de repouso):
  >A casa *onde* vive reflete a sua personalidade. (*viver* não é verbo de movimento)

▸ *aonde* (usado com verbos de movimento):
A casa *aonde* me dirijo é o sonho de consumo de muitos.
(*dirigir-se* é verbo de movimento)

5. *Onde* ou *em que* (*no qual*)?

Onde é relativo que faz referência exclusivamente a lugar. Nos dias atuais, *onde* vem sendo empregado na linguagem coloquial como um relativo universal e até em situações em que sequer um relativo deveria ser usado. As frases seguintes, bastante usuais, devem ser evitadas na linguagem formal:

O momento *onde* a apresentadora expôs sua posição partidária está gravado em fita. (*momento* é tempo; deve-se empregar *quando*)

Trata-se de medida jurídica *onde* se pode surpreender a boa vontade do legislador... (*medida jurídica* não designa lugar; deve-se empregar *em que* ou *na qual*)

Disseram que a inflação ficará em 5% ao ano; é *onde* me baseio para propor novas medidas de contenção (Aqui cabe o pronome relativo *que*; a forma adequada é Disseram *que* a inflação ficará em 5% ao ano; é nisso *que* me baseio para propor novas medidas de contenção de gastos.)

6. *Que* ou *quem*?

As duas formas estão corretas. O pronome *que* é usado frequentemente como relativo universal, embora nem sempre tais construções sejam adequadas.

▸ *quem* refere-se a pessoas ou seres personificados e vem regido de preposição:
Não conheço o professor a *quem* te referes.
Pluft, o fantasminha, de *quem* gostávamos tanto na infância, é o personagem mais famoso de Maria Clara Machado.

► *que* refere-se a pessoas ou coisas e pode vir ou não regido de preposição:
>Não conheço o professor a *que* te referes.
>Vou comprar o livro de *que* necessito.
>Este é o homem *que* me foi apresentado na festa.

> **Saiba mais**
>
> O pronome relativo *que* pode vir regido ou não de preposição, dependendo da função sintática por ele exercida na oração:
>> Visitei o colégio *em que* estudei. (= estudei *no* colégio)
>> Esta é a menina *de que* lhe falei. (= falei-lhe *de*sta menina)
>> O rigor *com que* ele agiu. (= agiu *com* rigor)
>> Este é o prato *que* pedi. (= pedi um prato)

Exercícios (gabarito no final do livro)

1. Nas frases abaixo, indique as palavras que as preposições sublinhadas estão ligando.

   a) Provocaram um escândalo na entrada <u>do</u> teatro.
   b) O colaborador <u>do</u> jornal não gostou da peça.
   c) Saí <u>com</u> o açodamento de sempre.
   d) Os críticos caíram <u>de</u> susto.
   e) A plateia aplaudiu <u>com</u> entusiasmo o espetáculo.

2. Complete as frases com as preposições adequadas de modo a estabelecer as relações indicadas.

   a) Mostrou-se ___ a proposta do candidato. (oposição)
   b) Sou natural ___ Rio de Janeiro. (origem)
   c) Confundiu-se ___ os fios e quase caiu. (instrumento)
   d) Voltaremos do Sul ___ avião. (meio)
   e) Chá é bom ___ acalmar os nervos. (finalidade)

3. A palavra COMO pode manifestar relações diversas. Determine essas relações nas frases a seguir.

   a) COMO pretendia sair cedo, acordou de madrugada.
   b) Elaborei a redação COMO o professor determinou.
   c) Agiu COMO se fosse o seu último dia de vida.
   d) COMO consequência da greve dos funcionários, nenhum jornal circulou hoje.
   e) Aquele compositor não apenas operou verdadeira revolução harmônica e estilística, COMO TAMBÉM abriu as portas ao mundo para a produção nacional.

4. Marque as opções adequadas de acordo com o padrão formal da língua.

   a) O secretário faltou à assembleia, mas elaborou, no entanto, a ata da reunião anterior.
   b) O secretário faltou à assembleia, mas elaborou, porém, a ata da reunião anterior.
   c) O secretário faltou à assembleia; elaborou, no entanto, a ata da reunião anterior.
   d) Ela não elaborou a monografia e nem apresentou o projeto.
   e) Ela não elaborou a monografia nem apresentou o projeto.

5. Complete com conectivos que expressem as relações indicadas entre parênteses.

   a) _____ ela cozinha o jantar, ele lava a louça. (simultaneidade)
   b) _____ uns trabalham com afinco, outros ganham dinheiro ilicitamente. (simultaneidade com contraste)
   c) Compareceu à cerimônia de posse da amiga, _____ não tivesse sido convidada. (concessão)
   d) _____ punição pelo ato, aquele político acabou sendo premiado com uma nomeação. (oposição)
   e) _____ cinema, por que não ir ao teatro esta noite? (substituição)

6. Empregue os pronomes relativos para juntar as orações em um só período.

   a) Este é o nome do ator premiado. Não consegui lembrar-me dele ontem.
   b) O governo suspendeu a campanha. Alguns setores da sociedade voltaram-se contra ela.
   c) Trabalho em uma universidade. Lá sempre há atividades culturais.
   d) Tenho muitas amigas. Recorro sempre às amigas.
   e) Estas são as canções. Nunca nos esquecemos de seus títulos.

7. O pronome relativo pode vir regido de preposição, de acordo com a função que desempenha na oração. Assim, examine as frases e complete-as com pronomes relativos precedidos ou não de preposições.

   a) O amor é o caminho _____ se vai mais longe.
   b) Precisamos valorizar o país _____ nascemos.
   c) A novela _____ assisti tratava dos costumes indianos.
   d) Os recursos _____ dispomos não são suficientes para abrir uma empresa de exportação.
   e) O posto _____ ele almeja não é o de presidente da Academia.

8. Escolha a alternativa que completa corretamente a lacuna da frase apresentadas.

   São excelentes professores ____ colaboração não podemos prescindir.

   a) cuja;
   b) de cuja;
   c) que a;
   d) de que a;
   e) dos quais a.

9. Reescreva as frases com o emprego de ONDE, AONDE, DE ONDE.

a) O Rio de Janeiro é a cidade _____ nasceu Noel Rosa.
b) Ela veio da biblioteca _____ acabei de chegar.
c) _____ vai neste final de semana?
d) Estudamos na mesma escola _____ estudaram nossos pais.
e) _____ está voltando com tanta pressa?

10. Marque o fragmento cujo significado equivale ao da oração sublinhada. "Quando ela chegava tarde, para não incomodar sua mãe, subia as escadas pé ante pé."

a) à medida que não incomodasse sua mãe.
b) porque não incomodasse sua mãe.
c) a fim de que não incomodasse sua mãe.
d) posto que incomodasse sua mãe.
e) antes que incomodasse sua mãe.

12. REGÊNCIA NOMINAL E VERBAL

Regência é a relação de subordinação que se estabelece entre uma palavra (verbo ou nome) e seus complementos. Essa relação pode ser expressa diretamente (sem preposição) ou indiretamente (com preposição):

Estude — português!
verbo — complemento
termo regente — termo regido

Gosto — *de* sorvete.
verbo — complemento
termo regente — termo regido

Ofereceremos — bolsas — *aos* melhores alunos.
verbo — complemento — complemento
termo regente — termo regido 1 — termo regido 2

Estamos ansiosas — *por* sua chegada
verbo — complemento
termo regente — termo regido

Não é possível, em trabalho deste porte, esgotar todos os casos de regência verbal e nominal.

O presente capítulo se limitará aos casos que mais frequentemente suscitam dúvidas, quer para os verbos, quer para os nomes.

A) emprego de preposições com verbos

Tira-dúvidas

1. *Abraçar* (alguém) ou *abraçar-se a* (alguém)?

As duas formas são corretas, no sentido de *envolver nos braços*. Elas diferem no tipo de complemento.

A mãe *abraçou* a criança para protegê-la.
A criança *abraçou-se à* mãe em busca de proteção.

> **Saiba mais**
> O verbo *abraçar* pode ainda ter o sentido de *adotar como sua*:
> *Abraçou* nossa causa.

2. *Agradar a* (alguém) ou *agradar* (alguém)?

As duas formas são possíveis:

▶ *agradar a* (alguém) = *satisfazer* pede complemento com preposição *a*:
O discurso do ministro não *agradou a*os professores.

▶ *agradar* (alguém) = *fazer agrado, acariciar* pede complemento sem preposição:
O treinador *agradava* o cachorro.

3. *Agradecer a* (alguém) ou *agradecer* (alguém)?

Existem três formas possíveis:

▶ *agradecer* pede complemento de pessoa com preposição *a*:
Ele *agradeceu a*o tio.

▶ *agradecer* com complemento de coisa (aquilo que se agradece), não é regido de preposição:
Ele *agradeceu* o presente.

▶ agradecer pode ocorrer também com os dois complementos:
Ela *agradeceu* o presente ao tio.

4. *Amá*-lo ou *amar*-lhe?

A forma correta é a primeira. O uso do pronome *lhe*, apesar de frequente na mídia televisiva, como complemento do verbo *amar*, é inaceitável, uma vez que o verbo é transitivo direto e o pronome *lhe* só se emprega como objeto indireto.

> **Saiba mais**
>
> Em *amar a Deus* e *amar ao próximo*, emprega-se o complemento com preposição *a*, por eufonia. Mesmo assim, a construção correspondente é *amá-lo* e não *amar-lhe*.

5. *Aspirar a* (alguma coisa) ou *aspirar* (alguma coisa)?

As duas formas são possíveis:

▶ *aspirar* = *desejar, almejar* pede preposição *a* ou *por*:
 Aquele político *aspira a*o cargo de Presidente da República.

▶ *aspirar* = *respirar, absorver* pede complemento não preposicionado:
 Ele *aspirou* o ar da manhã, com entusiasmo.

6. *Assistir a* ou *assistir*?

As duas formas são possíveis:

▶ *assistir a* = *ver com atenção* pede preposição *a*:
 Assiste a todas as novelas.

▶ *assistir a* = *presenciar* pede preposição *a*:
 Meu bisavô *assistiu a*o surgimento da República.

▶ *assistir a* = *ser atribuição de alguém* pede preposição *a*:
 Esse direito não *assiste a*o prefeito.

▶ *assistir a* = *ser auxiliar de alguém* pede preposição *a*:
 Ele *assiste ao* prefeito.

▶ *assistir* = *socorrer, dar assistência* sem preposição:
 O médico *assistiu* o doente.

> **Saiba mais**
>
> Embora, na linguagem coloquial, seja encontrada a construção "O jogo *foi assistido* por muitos torcedores", não se deve usar a voz passiva desse verbo, uma vez que, no sentido de *presenciar*, o verbo não é transitivo direto. Melhor dizer:
> Muitos torcedores *assistiram* ao jogo.

7. Atender o (telefone) ou atender ao (telefone)?

As duas formas são possíveis:

▶ *atender* = *responder chamada telefônica* pode ser usado com ou sem preposição:
Atenda o (ao) telefone.

▶ *atender* = *dar, prestar atenção* pede preposição *a*:
Não *atendeu a* meu pedido.

▶ *atender* = *concordar com algo que se solicita* não pede preposição:
O prefeito *atendeu* o requerimento dos professores.

8. Atingir (alguma coisa) ou atingir a (alguma coisa)?

A forma correta é a primeira. O verbo *atingir* pede complemento sem preposição:
Quem *atinge* a meta recebe prêmios.

9. Avisar (alguma coisa a alguém) ou avisar (alguém de alguma coisa)?

As duas formas são corretas. Deve-se observar que o verbo exige dois complementos, um com preposição, outro sem. O complemento preposicionado pode ser a pessoa ou a coisa — se for pessoa, será regido pela preposição *a*; se for coisa, pela preposição *de*:
Avisamos a data da prova (objeto direto) *a*o aluno (objeto indireto).

Avisamos o aluno (objeto direto) *d*a realização da prova (objeto indireto).

> **Saiba mais**
>
> Os verbos *cientificar, certificar, informar* e *notificar* apresentam a mesma regência do verbo *avisar*:
> A secretária *cientificou /certificou/ informou /notificou* a mudança de horário aos alunos.
> A secretária *cientificou / certificou/ informou / notificou* os alunos da mudança de horário.

10. *Chegar a* (algum lugar) ou *chegar em* (algum lugar)?

A forma correta é a primeira: o verbo *chegar* expressa movimento e pede complemento circunstancial regido da preposição *a*:
Elvira *chegara a*o topo da carreira.

> **Saiba mais**
>
> ▶ Com *casa* como complemento, a frase correta é *Cheguei a casa* e não cheguei em casa.
>
> ▶ Tendo como complemento a palavra *lugar*, emprega-se o verbo com a preposição *em*:
> Nem todos *podem chegar em primeiro lugar*.
>
> ▶ O verbo *ir*, indicando movimento, apresenta construção sintática semelhante à do verbo *chegar*:
> Ele *foi a*o aeroporto.

11. *Comunicar* (alguma coisa a alguém) ou *comunicar* (alguém de alguma coisa)?

A forma correta é a primeira: no sentido de *avisar*, o verbo pede complemento de coisa, sem preposição; e de pessoa, com preposição.
O guarda *comunicou* a infração *a*o motorista.

> **Saiba mais**
>
> ▶ No sentido de *estabelecer comunicação*, o verbo é pronominal e a preposição *com* rege o complemento:
> Ela *se comunica com* sua filha diariamente.
>
> ▶ O verbo *comunicar* não admite voz passiva com sujeito designativo de pessoa. Assim, só se deve dizer:
> A decisão do chefe *foi comunicada* ao secretário (e não *O secretário foi comunicado da decisão do chefe*)

12. *Considerá-lo* ou *considerar-lhe*?

A forma correta é a primeira. O uso do pronome *lhe*, embora frequente, é inaceitável, uma vez que o verbo *considerar* pede objeto direto e o pronome *lhe* é específico de objeto indireto.

> **Saiba mais**
>
> O verbo *considerar* é empregado frequentemente com o significado de *atribuir qualidade a um ser* que, na frase, é o objeto direto do verbo. O atributo será um predicativo do objeto:
> Considero-*o* um revisor muito atento.
> ↓   ↓
> O.D. predicativo do O.D.

13. *Convidá-lo* ou *convidar-lhe*?

A forma correta é a primeira. O verbo *convidar* pede objeto direto de pessoa:
Não veio porque não *o convidamos*.

> **Saiba mais**
>
> O verbo *convidar* pode ainda ser empregado com objeto direto e indireto:
> Vou convidá-*lo* para a noite de autógrafos de nosso livro.

14. *Dormir ao volante* ou *dormir no volante*?

A forma correta é a primeira. *Dormir ao* = *cochilar enquanto dirige*:
O motorista *dormiu* ao volante.

15. *Encontrar* (alguém) ou *encontrar-se com* (alguém)?

As duas formas são possíveis:

- encontrar = fato acidental:
Paulo *encontrou* o amigo (acidentalmente).

- encontrar-se com = idéia de encontro marcado:
Paulo *encontrou-se com* o amigo (havia marcado encontro).

16. *Esquecer* (alguma coisa) ou *esquecer de* (alguma coisa)?

A forma correta é a primeira. O verbo *esquecer* exige complemento sem preposição.
Ele *esqueceu* o antigo amor.

Saiba mais

- Se usado como pronominal (*esquecer-se*), exige complemento regido da preposição *de*:
Ele *se esqueceu do* antigo amor.

- O verbo *lembrar* apresenta a mesma regência do verbo *esquecer*:
Ela *lembrou* o antigo amor.
Ela se *lembrou do* antigo amor.

17. *Ficar ao sol* ou *ficar no sol*?

A forma correta é a primeira. A expressão é *ao sol*, porque implica *exposição ao sol*:
Você precisa hidratar bem a pele, pois *ficou* ao sol por muitas horas.

18. *Implicar* (alguma coisa) ou *implicar com* (alguma coisa)?

As duas formas são possíveis:

▶ implicar = *acarretar, ter como consequência* pede complemento sem preposição:
Esta obra *implica* grandes gastos.

▶ implicar = *promover rixas, aborrecer* exige preposição *com*:
A filha caçula *implicava com* os outros irmãos.

> **Saiba mais**
>
> No português do Brasil, há uma tendência a se usar o verbo *implicar* na acepção de *acarretar* com a preposição *em*, o que deve ser evitado num registro formal.

19. *Morar na* (rua X) ou *morar à* (rua X)?

A forma correta é a primeira. O verbo *morar* se faz acompanhar de complemento circunstancial de lugar, regido da preposição *em*:
Maria *mora na* rua das Orquídeas.

> **Saiba mais**
>
> Os verbos *residir* e *situar* apresentam a mesma regência de *morar*:
> Ele *reside* na rua João da Silva.
> A casa se *situa* na rua João da Silva.

20. *Namorar* (alguém) ou *namorar* com (alguém)?

A forma correta é a primeira. O verbo *namorar* exige complemento sem preposição:
Ela ainda *namora* meu irmão.

21. *Obedecer a* (alguém), *obedecer a* (alguma coisa) ou *obedecer* (alguém), *obedecer* (alguma coisa)?

A forma correta é a primeira: o verbo pede complemento regido da preposição *a*:
> *Obedece a*os pais.
> *Obedece a*os regulamentos.

Saiba mais

▶ Esse verbo não deveria ser empregado na voz passiva, por ter, na voz ativa, complemento regido de preposição. Apesar disso, é frequente tal uso, que deve ser evitado no registro formal:
> Os alunos *obedecem ao* regulamento. (registro formal)
> O regulamento *é obedecido* pelos alunos. (registro informal)

▶ O verbo *desobedecer* apresenta a mesma regência de *obedecer*:
> O aluno *desobedece a*o regulamento. (registro formal)
> O regulamento *foi desobedecido* pelo aluno. (registro informal)

22. *Pagar a* (alguém) ou *pagar* (alguém)?

A forma correta é a primeira; o verbo *pagar* pede complemento de pessoa regido de preposição *a*. Se usado com complemento de coisa, este vem sem preposição. Pode também ser empregado com os dois complementos:
> Pedro *pagou a*o padeiro.
> Pedro *pagou* o pão.
> Pedro *pagou* o pão *a*o padeiro.

Saiba mais

▶ O verbo *perdoar* tem a mesma regência de *pagar*:
> Pedro *perdoou* a ofensa *a*os colegas.
> *Perdoei* aos colegas.
> *Perdoei* a ofensa.

▶ O verbo *pagar* emprega-se também com a preposição *por*, com o sentido de *expiar*:
> Ele *pagou* caro *por* suas culpas.

23. *Pedir* ou *pedir para*?

A forma correta é a primeira. Esse verbo pede complemento sem preposição, quando se refere à coisa pedida.
    Pediu uma refeição leve.

Na linguagem coloquial, é frequente a omissão do objeto direto *licença* ou *permissão* e expressa-se apenas a finalidade do pedido:
    Pediu para sair (= *Pediu licença* para sair)

> **Saiba mais**
>
> ▶ Deve-se evitar a expressão: *pedir para que*. Quando não se subentender o objeto *licença* ou sinônimos, a expressão correta será *pedir que:*
>   *Pediu ao vereador que* asfaltasse as ruas do seu bairro.
>
> ▶ Quando aparece a pessoa a quem é pedido algo, o complemento é *lhe* ou vem preposicionado:
>   *Pedi-lhe* que *saísse*.
>   *Pedi a João* que *saísse*.
>
> ▶ O verbo *pedir* pode empregar-se também com o sentido de *interceder*, com a preposição *por*:
>   *Pediu pelo* amigo.

24. *Pisar algo* ou *pisar em algo*?

As duas formas são possíveis, embora a primeira seja a preferida pelo padrão culto formal da língua:
    Pedro *pisou* a grama.
    Pedro *pisou na* grama.

25. *Poupar* (alguém de alguma coisa) ou *poupar* (alguma coisa a alguém)?

As duas formas são corretas. O que não se admite é usar o verbo com dois complementos regidos de preposição:
    Poupe seu pai *desse* desgosto.
    Poupe esse desgosto *a* seu pai.

> **Saiba mais**
>
> Nunca se diga:
> *Poupe a seu pai desse desgosto.*

26. *Preferir* (alguma coisa a outra) ou *preferir* mais (alguma coisa do que outra)?

A forma correta é a primeira. O verbo *preferir* significa *escolher alguma coisa em detrimento de outra*; logo *preferir alguma coisa* ou *preferir uma pessoa a outra*:
Prefiro teatro a cinema.

> **Saiba mais**
>
> ▶ Condena-se não só *preferir mais do que*, mas também *preferir antes*.
>
> ▶ Também não se intensifica o adjetivo *preferível*:
> É *preferível* ficar em casa a viajar para lugares inóspitos (e não É *mais preferível*...)

27. *Prejudicar* (alguém) ou *prejudicar a* (alguém)?

A forma correta é a primeira. O verbo pede complemento sem preposição:
Tal atitude não irá *prejudicá*-los (e não *prejudicar-lhes*).

28. *Preveni-lo* ou *prevenir-lhe*?

Há os seguintes empregos:

▶ *prevenir* exige objeto direto de pessoa e rejeita o pronome *lhe* que é específico do objeto indireto:
Melhor *prevenir* doenças com bons hábitos de vida.

▶ *prevenir* pode ser empregado com dois complementos, o direto de pessoa e o indireto de coisa:
O médico *preveniu* o doente *dos* riscos do fumo.

▶ *prevenir* é também usado como pronominal, caso em que exige complemento regido de preposição:
O jovem *preveniu-se dos* (ou *contra* os) males do frio com pesados agasalhos.

29. Proceder a (alguma coisa) ou proceder (alguma coisa)?

A forma correta é a primeira. No sentido de *dar início, realizar,* emprega-se o verbo com a preposição *a:*
Mandou *proceder à* recolha dos votos.

Saiba mais

▶ *Proceder* = *ter fundamento,* emprega-se sem complemento:
Sua solicitação não *procede.*

▶ *Proceder* = *comportar-se* emprega-se sempre seguido de uma expressão que indica modo:
Eles *procedem* honestamente (de modo honesto).

30. Procurar alguém ou *procurar por* alguém?

As duas formas são possíveis:

▶ *procurar* = *buscar* (sem preposição):
Estava *procurando* um amigo (*buscava*).

▶ *procurar* = *esforçar-se por achar* (com preposição *por*):
Estava *procurando por* um amigo (esforçava-se por achar).

31. *Puxar a* (alguém) ou *puxar* (alguém)?

As duas formas são possíveis:

- *puxar* a (*alguém*) = *parecer*:
    O menino *puxou a*o pai; é muito impaciente.

- *puxar* (*alguém*) = *arrastar*:
    O menino *puxou* o pai pela camisa.

> **Saiba mais**
>
> Algumas preposições são usadas depois de determinados verbos apenas para dar ênfase ao seu significado e, por isso, recebem a denominação de *posvérbios*. É o caso de *puxar do revólver / puxar o revólver*; *sacar da arma / sacar a arma*, em que o emprego da preposição *de* indica realização da ação com violência.

32. *Querer a* (alguém) ou *querer* (alguém)?

Existem as duas formas:

- *querer* = *estimar* pede complemento com preposição. Quando o complemento for um pronome, emprega-se *lhe*:
    O professor *quer* bem *a*os alunos.
    Alunos, o professor *lhes quer* bem.

- *querer* = *desejar* pede complemento sem preposição:
    Quero aumento de salário.

33. *Recorrer d*a (sentença) ou *recorrer* (a sentença)?

A forma correta é a primeira. *Recorrer* no sentido de *interpor recurso judicial* pede complemento com a preposição *de*.

> **Saiba mais**
>
> - *Recorrer* = *apelar* pede complemento com a preposição *a*:
>   Recorri *a* seus préstimos para solucionar a questão.
> Não admite, entretanto, a forma *lhe;* deve-se usar a forma tônica *ele, ela*:
>   Recorri a eles para solucionar a questão.

34. *Responder a* (carta, pergunta) *ou responder* (carta, pergunta)?

No sentido de *retornar a comunicação*, o verbo pede complemento com preposição *a*:
 Deve *responder* logo *ao* questionário.

> **Saiba mais**
>
> ▶ Deve-se evitar a construção "O questionário *foi respondido*", pois o verbo não admite voz passiva.
>
> ▶ No sentido de *dar como resposta,* seu complemento não será preposicionado:
> Deve *responder* sempre a verdade.
>
> ▶ No sentido acima poderá estar também presente a pessoa que recebe a resposta, que será um segundo complemento e virá preposicionado:
> Deve *responder* sempre a verdade *a* seu pai.

35. *Sentar à* (mesa) ou *sentar na* (mesa)?

As duas formas são possíveis:

▶ *sentar à* mesa = *sentar-se junto a ela:*
 Sentamo-nos *à* mesa para tomar o café da manhã.

▶ *sentar-se na* mesa = *sentar-se sobre ela*:
 Não é de boa educação *sentar-se n*a mesa.

36. *Servir* (alguém) ou *servir a* (alguém)?

Há os seguintes empregos:

▶ *servir* (alguém) = *prestar serviço*:
 Ela *serve* mamãe desde a minha infância.

- *servir a* (alguém) = *convir, ser útil, ser conveniente*:
    Aquela funcionária não *serve a* nossa empresa (ou não *serve* à nossa empresa), por ser indiscreta.

- *servir* (algo) *a* (alguém) = *oferecer*:
    Serviu café *à* visita.

- *servir para* (algo ou alguém) = *ter serventia, ter utilidade*:
    Comprou um objeto que não *serve para* nada.

> **Saiba mais**
>
> - Pode usar-se pronominalmente com complemento regido da preposição *de*:
>   Olavo *serviu-se d*a torta, com voracidade.
>
> - Empregado com preposição *em*, no sentido de *não ser do tamanho*:
>   O casaco não *serve em* meu filho.

37. *Visar a* (alguma coisa) ou *visar* (alguma coisa)?

Há três empregos possíveis:

- *visar* = *pretender* pede complemento regido da preposição *a*:
    Ele *visava a*o cargo de coordenador.

- *visar* = *pôr visto em* pede complemento sem preposição:
    O fiscal *visou* os passaportes.

- *visar* = *mirar* pede complemento sem preposição:
    O soldado *visou* o alvo antes de atirar.

> **Saiba mais**
>
> Seguido de infinitivo, no sentido de *pretender*, costuma-se omitir a preposição *a*:
>   Sua resposta *visa* atrair os votos da oposição.

38. *Visitá-lo* ou *visitar-lhe*?

A forma correta é a primeira. Não se diz *visitar a alguém*, mas *visitar alguém*. O verbo *visitar* pede objeto direto. Usa-se com as formas pronominais próprias dessa função, *o, lo, no* e flexões:
— Vamos *visitar* o Museu de Arte Contemporânea em Niterói?
— *Visitei-o* ontem. Melhor não visitá-*lo* novamente tão cedo. Muitos turistas visitam-*no* diariamente.

B) EMPREGO DE PREPOSIÇÕES COM OS NOMES

Assim como os verbos, há nomes (substantivos, adjetivos e advérbios) que pedem complemento. A diferença é que, no caso dos nomes transitivos, esses complementos vêm sempre com preposição.

Tira-dúvidas

1. *Ansioso para* ou *ansioso por*?

    As duas formas estão corretas:
    Estavam *ansiosas para* (ou *por*) terminar o livro.

2. *Atento a* ou *atento em*?

    As duas formas estão corretas:
    Fique *atento às* (ou *nas*) novidades, se quiser ter sucesso.

3. *Aversão a* ou *aversão por*?

    As duas formas estão corretas:
    Tendo *aversão a* (*por*) formigas, ficou nervosa ao deparar-se com tantas na cozinha.

4. *Comum a* ou *comum com*?

    As duas formas estão corretas.

- *comum a* referente à coisa partilhada:
  O apego à vida é *comum a* todos os mortais.

- *comum com* referente à pessoa ou coisa com quem ou com que se partilha algo:
  Tenho de *comum com* ela o amor à música.

5. *Conforme a* ou *conforme com*?

As duas formas estão corretas:
  Eis uma sugestão *conforme* aos (com os) desejos da turma.

6. *Contente com, contente de, contente em* ou *contente por*?

As quatro formas estão corretas:

- referindo-se a pessoa/coisa:
  Márcia está contente *com* o novo empregado.
  Ele não está *contente com* as notícias recebidas.

- referindo-se a ação e/ou situação:
  Não *contente de* (*em*) destratar-me, ainda acusa-me sem provas.
  Estou *contente por* vocês estarem aqui.

7. *Cruel com* ou *cruel para com*?

As duas formas estão corretas:
  Qual de vocês foi mais *cruel com* (ou *para com*) ela?

8. *Devoção a, devoção para com* ou *devoção por*?

As três formas estão corretas:
  Muitos brasileiros nutrem grande *devoção a* (*para com* ou *por*) São Judas Tadeu.

9. *Dúvida sobre, em* ou *acerca de*?

As três formas estão corretas:
>Todos têm dúvidas *sobre* o (*no* ou *acerca do*) uso das preposições.

10. *Empenho de, em* ou *por*?

As três formas estão corretas:
>É tanto o seu *empenho de* (*em* ou *por*) elaborar uma obra útil que nunca se dá por satisfeito.

11. *Feliz com, de, em* ou *por*?

As quatro formas estão corretas.

- ▶ referindo-se a coisa ou pessoa:
>As crianças pareciam muito *felizes com* seus brinquedos.

- ▶ referindo-se a ação ou situação:
>As crianças pareciam muito *felizes de* (*em*, *por*) estarem no parque.

12. *Franco com, de, em* ou *sobre*?

As quatro formas estão corretas:

- ▶ referindo-se a pessoa:
>Seja *franco com* seu advogado.

- ▶ referindo-se a atitude ou ação:
>Seja *franco de* gestos.
>Seja *franco em* seus atos.

- ▶ referindo-se a assunto:
>Seja *franco sobre* este melindroso ponto.

13. *Hostil a, contra* ou *para com*?

As três formas estão corretas:
   Suas palavras foram *hostis a*o (ou *para com* o) conferencista.
   Estava em relações *hostis contra* a direção da empresa.

14. *Impotente contra, diante de* ou *para*?

As três formas estão corretas:

▶ referindo-se a situação:
   Sentia-se *impotente contra* as (ou *diante d*as) atitudes do filho.

▶ referindo-se a ação:
   Os cientistas estão *impotentes para* fazer frente à nova epidemia.

15. *Incapaz de* ou *para*?

As duas formas estão corretas:
   Tais afirmações são *incapazes de* (ou *para*) traduzir o sentimento do povo.

16. *Indispensável a, em* ou *para*?

As três formas estão corretas:
   Os exercícios físicos são *indispensáveis a*o (*no ou para* o) *gozo* da boa saúde.

17. *Intolerância com* ou *para com*?

As duas formas estão corretas:
   Só reprovo a *intolerância com* (ou *para com*) seu irmão.

18. *Intolerante a, com* ou *para com*?

As três formas estão corretas:
   Trata-se de um regime *intolerante às* (*com* as ou *para com* as) diferenças.

19. Luta com, contra, entre, para ou por?

As cinco formas estão corretas:

▶ referindo-se aos opositores na luta em relação a quem fala:
A *luta com* (ou *contra*) o terrorismo não tem fim.

▶ referindo-se aos dois opositores na luta:
A *luta entre* os bons e os maus políticos nunca acabará.

▶ referindo-se à ação objeto da luta:
A *luta para* conseguir um bom emprego começa cedo.

▶ referindo-se à coisa objeto da luta:
A *luta por* um bom emprego começa cedo.

20. Nobre de, em ou por?

As três formas estão corretas:

▶ referindo-se à atitude ou ao fato que configura a elevação de sentimentos:
É mulher *nobre de* sentimentos; foi sempre *nobre em* suas ações.

▶ referindo-se à origem da nobreza:
Apesar da atitude, é *nobre por* nascimento.

21. Parecido a ou com?

As duas formas estão corretas:

▶ *parecido com* usa-se na presença ou ausência do parâmetro de semelhança:
Ele é *parecido com* o pai.
Sua pesquisa é *parecida*, em metodologia, *com* a minha.

▶ *parecido a* usa-se na presença de parâmetro que se expressa com uso da preposição em:
O caso é *parecido em* tudo *ao* de outra (ou *com* o de outra) pesquisa do grupo.

22. *Preferível* (alguma coisa a outra) ou *preferível mais* (alguma coisa do que outra)?

A forma correta é a primeira. Como o verbo *preferir*, o adjetivo indica opção por uma coisa em detrimento de outra e pede preposição *a*, sem emprego da intensificação pela palavra *mais*:
É *preferível* comprar imóveis *a* deixar o dinheiro no banco.

> **Saiba mais**
>
> Não se deve, pois, dizer *é muito preferível, é pouco preferível, é menos preferível* etc. Situação análoga é a do verbo *preferir*.

23. *Previsão de que* ... ou ... *que*?

A forma correta é a primeira. O substantivo *previsão* pede complemento regido da preposição *de,* seja esse complemento uma expressão ou uma oração:
A *previsão de* chuva para hoje não se confirmou.
A *previsão de que* hoje choveria não se confirmou.

24. *Próprio a, de* ou *para*?

As duas formas estão corretas:

▶ *próprio a* ou *de* referindo-se à caracterização de alguém ou de algo:
Tudo aconteceu pelo nervosismo *próprio às* (ou *das*) aglomerações.

▶ *próprio para* referindo-se à finalidade ou adequação de algo:
No restaurante, a música era *própria para* animar o ambiente.

25. *Querido de* ou *por*?

As duas formas estão corretas:
Aquele jogador é *querido de* (ou *por*) todas as torcidas.

26. Reclamação *contra* ou *de*?

A forma correta é a primeira:
>Havia *reclamações contra* a má iluminação da área.

27. Residente *em* ou *a*?

A forma correta é a primeira:
>Ele é *residente na* rua da Alegria.

> **Saiba mais**
>
> Com os substantivos, adjetivos, verbos e advérbios cognatos, emprega-se sempre a mesma preposição: *obedecer a, obediência a, obediente a; residir em, residência em, residente em; referir-se a, referência a, referente a, referentemente a.*

28. Rico *em* ou *de*?

As duas formas estão corretas:
>O terreno é *rico em* minérios.
>O novo programa de computador é *rico de* recursos gráficos.

29. Situado *em* ou *a*?

A forma correta é a primeira:
>A casa do escritor está *situada na* rua da Felicidade.

30. Vizinho *de* ou *a*?

As duas formas são corretas:
>A loja de brinquedos é *vizinha da* (ou *à*) estação de Metrô.

Exercícios (gabarito no final do livro)

1. Marque a frase INCORRETA quanto à regência verbal:

   a) A reforma agrária implica em mudança de mentalidade.
   b) Abraçou-se à arvore para proteger-se da inundação.
   c) Abracei meus filhos com carinho.
   d) Implicava com pessoas falsas.
   e) Temos de abraçar a causa da natureza.

2. Os verbos dos períodos abaixo são transitivos e alguns enunciados estão mal estruturados em relação ao padrão formal da língua. Corrija-os, então.

   a) Agradava o namorado, para acalmá-lo. (agradar = fazer agrados, afagar.)
   ....
   b) Extasiado, aspirou o perfume da garota.
   ....
   c) O policial visou ao gatuno
   ....
   d) O gerente visou o cheque.
   ....
   e) O governo chamou aos jovens para o Serviço Militar. (convocar)
   ....

3. Em relação aos verbos transitivos indiretos (TI), devemos lembrar que, se o objeto indireto for representado por um substantivo, os pronomes que devem substituir o nome serão LHE, LHES ou, com determinados verbos, (A) ELE, (A) ELA, (A) ELES, (A) ELAS. Reescreva as frases substituindo os termos sublinhados por uma dessas formas pronominais.

   a) A gentileza do rapaz agradou <u>às moças</u>. (agradar = ser agradável, causar prazer, satisfazer).
   b) Assisti a <u>cena</u> estarrecida.
   c) Confesso que julgo o cargo o ideal para mim; sempre aspirei <u>a esse cargo</u>.
   d) Devemos obedecer <u>aos nossos superiores</u>.
   e) Viso <u>ao sucesso das suas empreitadas</u>.

4. Classifique os verbos sublinhados quanto à regência.

   a) <u>Agradeci</u> a meu amigo o convite que me fez.
   b) A supressão da liberdade <u>implica</u> violência.
   c) <u>Chamou</u> a si a responsabilidade do acontecido. (chamar = avocar; tomar)
   d) <u>Pagar</u>-lhe-ei a dívida em breve.
   e) <u>Perdoei</u>-lhes os erros cometidos.

5. As frases abaixo encerram desvios de regência verbal em relação ao padrão formal. Reescreva-as adequadamente.

   a) A garota lembrava à sua irmã, por causa da cor dos cabelos.
   b) A humanidade jamais esquecerá dos crimes do Nazismo.
   c) Devo considerar-lhe um potencial candidato à vaga.
   d) Pedi aos alunos para que ficassem quietos.
   e) Prefiro muito mais ficar aqui sozinho do que sair com pessoas inconvenientes.

6. A alternância de preposição junto ao adjetivo pode causar modificação de sentido. Assinale as frases em que essa alteração acontece.

   a) A juventude está sempre ávida de inovações.
   b) As crianças são ávidas de atividades físicas.
   c) É próprio de pessoas tensas essa reação irrefletida.
   d) Eram ávidos por desafios profissionais.
   e) Não elaborou um material próprio para o nível do curso.

7. Empregue as preposições adequadas:

   a) É preferível um suco _____ um refrigerante.
   b) O apartamento que comprei é situado _____ rua Marquês de Olinda.
   c) Não fiz alusão _____ suas decisões.
   d) Propensão _____ bebida é uma doença.
   e) Protestos _____ privatizações não são atrativos para os investidores.

8. Complete as frases seguintes com as preposições adequadas.

   a) A população não foi solidária _____ vítimas.
   b) Atitudes preconceituosas são incompatíveis _____ sua cultura.
   c) Ela é residente _____ Flamengo, mas tem simpatia por outros bairros também.
   d) Nossa professora é intolerante _____ a falta dos alunos.
   e) Somos avessos _____ doces, mas apreciamos salgados.

9. Com os substantivos, adjetivos, verbos e advérbios formados pelo mesmo radical, emprega-se sempre a mesma preposição. Assim, com base na regência das palavras em itálico nas frases abaixo, preencha as lacunas com a preposição adequada.

   a) A *obediência* às leis é necessária para a convivência social. / Cláudio é obediente ____ leis de seu país.
   b) A *hostilidade* aos novos vizinhos torna-o uma pessoa antipática. / Ele é hostil ____ os novos vizinhos.
   c) Sua resposta foi *relativa* a uma parte da questão. / Relativamente ____ questão de matemática, houve grande discussão.
   d) Temos comportamentos *semelhantes* aos de nossos pais. / Comportamo-nos semelhantemente _____ nossos pais.
   e) Todos são *favoráveis* às reformas de base. / Votou favoravelmente ____ reforma da previdência.

10. Assinale o item em que o complemento do verbo pode vir ou não regido de preposição.

    a) A secretária atendeu o(ao) telefone.
    b) Avisamos o(ao) aluno da prorrogação do prazo de inscrição.
    c) O aluno que atingir a(à) meta recebe um bom prêmio.
    d) O diretor atendeu o(ao) requerimento dos alunos.
    e) Você não atendeu o(ao) pedido.

13. EMPREGO DO ACENTO INDICATIVO DA CRASE

CRASE não é acento. Crase é a fusão de dois sons idênticos, como *aa*, representada na escrita por um *a* com acento grave *à*:

a + a = à

O primeiro *a* é preposição e o outro pode ser

▶ *a(s)*, artigo definido:
Referência *à* tia do João e *às* alunas daquele colégio.
a + a   a + as

▶ *a*, primeira sílaba do demonstrativo *aquela(s), aquele(s), aquilo*:
Referente *àquele* presidente e *àquelas* senhoras ali.
a + aquele   a + aquelas

▶ *a* do pronome relativo *a qual, as quais*:
Eis a aluna *à qual* você se referia ontem.
a + a qual
Eis as senhoras *às quais* me refiro.
a + as quais

▶ *a*, pronome demonstrativo, equivalente a *aquela*:
Não me referia a esta menina, mas *à que* recebeu o prêmio.
a + a (=aquela)

Saiba mais

▶ Na dúvida, substitua o substantivo feminino por um masculino. Se couber *ao* com masculino, antes do feminino caberá *à*:
Obedeço *à lei*. Obedeço *ao regulamento*.
▶ No caso de substantivos designativos de lugar, pode-se empregar o seguinte recurso:

> Quando venho, venho *da*, quando vou, craseio o *a*,
> Quando venho, venho *de*, quando vou, crasear para quê?
> 　　Venho *da* Bahia. Vou *à* Bahia.
> 　　Venho *de* Brasília. Vou *a* Brasília.
>
> ▶ Em resumo: se *você vem da* ⟹ crase para *ir à*;
> 　　　　　　se *você vem de* ⟹ não há crase *para ir a*.

Tira-dúvidas

1. **À ou *a* + *nomes próprios personativos femininos*?**

   As duas formas são corretas. Com nomes próprios femininos de pessoas, é facultativo o uso do acento grave que indica a crase:
   　　Refiro-me *a Luísa*. Refiro-me *à Luísa*.

2. ***A casa* ou *à casa*?**

   As duas formas são possíveis:

   ▶ *casa = lar* não é precedida de acento grave:
   　　Vou *a casa*, buscar agasalho.

   ▶ *casa* (modificada por uma expressão ou parte da denominação de uma empresa) poderá ser precedida de acento grave:
   　　Vou *à casa* de minha mãe e depois vou *à Casa Matos*.

   ▶ *casa* (acompanhada de um adjetivo) poderá ser precedida de acento grave:
   　　Vou *à casa* velha.

3. **À *distância* ou *a distância*?**

   As duas formas são possíveis:

   ▶ *distância* determinada, usa-se acento grave:
   　　Vejo o ônibus *à distância* de cinco metros.

   ▶ *distância* indeterminada, geralmente não se usa acento grave:
   　　Ensino *a distância*.

4. A esta ou à esta?

A primeira forma é a correta. Antes de pronomes demonstrativos (exceção de *aquele* e flexões) e de indefinidos, não se usa acento grave:
Não comparecerei *a esta* cerimônia.
Aludiu *a alguma* data festiva.

5. À milanesa ou a milanesa?

Usa-se acento grave no *a*, porque está subentendida a palavra *moda*:
Bife *à* (moda) milanesa.

6. À minha ou a minha?

As duas formas são possíveis. Antes de possessivo, é facultativo o uso do acento grave:
Referiu-se *à minha* promoção. Referiu-se *a minha* promoção.

7. A partir de ou à partir de?

A primeira forma é a correta. Antes de verbo, não se usa acento grave:
A partir de hoje, os horários de reunião serão alterados.

8. A prazo ou à prazo?

A primeira forma é a correta. Antes de substantivo masculino, não se usa acento grave:
Compras *a prazo*. Andar *a cavalo*. Automóvel *a álcool*.

Não se enquadram nesse caso locuções com substantivo feminino subentendido:
Fomos *à* Rio Branco. (Fomos *à avenida* Rio Branco.)
Ternos *à* Armani. (Ternos *à moda* Armani.)

Saiba mais

Atenção: *compras a prazo*, mas *compras à vista*.

9. *À prestação* ou *a prestação*?

Em locuções formadas com substantivo feminino, o *a* leva acento grave. Veja as locuções:

adverbiais	prepositivas	conjuntivas
à beça	à beira de	à medida que
à direita	à custa de	à proporção que
à margem	à frente de	
à noite	à maneira de	
à toa	à moda de	
à vista	à procura de	

> *Saiba mais*
>
> É preferível não usar acento grave nas locuções adverbiais de instrumento:
> Escrever *a* mão, *a* tinta, ou *a* máquina (comparar com escrever *a* lápis); ferir *a* faca, *a* bala (comparar com ferir *a* fuzil).

10. *A quem* ou *à quem*?

A primeira forma é a correta. Antes do pronome relativo *quem* (e também antes de *cujo* e flexões), não se usa acento grave:
Eis o menino *a quem* você deve favores.
Eis o homem *a cuja* filha você se referiu ontem.

11. *Às 6 horas* ou *as 6 horas*?

A primeira forma é a correta. Usa-se o acento grave em locuções com a palavra *hora*, se houver referência a uma hora precisa, hora marcada em relógio: *às 8h., às 20h., à 1h.*

12. *Até à* ou *até a*?

Ambas as formas são cabíveis, pois existem as duas preposições "até" e a "até a". Pode-se estabelecer uma distinção, respectivamente, de inclusão e de limite, como se vê em

- *até a* = até (preposição) + a (artigo):
    A água inundou tudo, *até a* cozinha.
    (a água inundou inclusive a cozinha)

- *até à* = até a (locução) + a (artigo) exprime limite:
    A água inundou tudo, *até à* cozinha.
    (a água não inundou a cozinha; chegou perto dela)

13. *A terra* ou *à terra*?

As duas formas são possíveis:

- *terra* = *solo* (isto é, por oposição a *bordo*) dispensa o artigo; logo não se usará acento grave:
    O marinheiro não está a bordo, ele foi *a terra* (solo firme).

- *terra* = *pátria* poderá empregar-se com acento grave:
    O português foi *à terra* (=pátria dele) rever seus familiares.

14. *A uma* ou *à uma*?

A primeira forma é a correta. Antes de artigo indefinido, não se usa acento grave:
    Refiro-me *a uma* menina muito engraçada.

> ### Saiba mais
>
> Não confundir com a expressão formada com numeral, na marcação de hora:
>   Saiu *à* 1 hora em ponto.

15. *A Vossa Excelência* ou *à Vossa Excelência*?

A primeira forma é a correta. Antes de pronomes de tratamento, à exceção de *senhora*, *madame* e *dona*, não se usa acento grave:
> Não me refiro *a Vossa Excelência*, mas *à senhora* que o acompanha.

16. *Cara a cara* ou *cara à cara*?

A primeira forma é a correta. Nas locuções em que o substantivo se repete, não se usa acento grave:
> face a face, ponta a ponta, porta a porta.

17. *Daqui à* escola ou *daqui a* escola?

A primeira forma é a correta. Depois da locução *daqui a* na indicação de distância, usa-se o acento grave, com substantivo feminino:
> *Daqui à* escola são trinta minutos de caminhada.

> **Saiba mais**
> Não há acento grave no *a* da locução, quando ela indica tempo:
> *Daqui a* uma hora, chegaremos a Brasília.

Exercícios (gabarito no final do livro)

1. Complete as lacunas usando convenientemente o acento grave.

   a) Ele se referiu a (*preposição*) + a (*artigo*) carta. = Ele se referiu _____ carta.
   b) Ele fez referência a (*prep.*) + as (*pronome* = aquelas) que saíram. = Ele fez referência _____ que saíram.
   c) Ele se referiu a (*prep.*) + aquele (*pronome*) menino. = Ele se referiu _____ menino.
   d) Sempre obedecia a (*prep.*) + as (*art.*) normas de convivência. = Sempre obedecia _____ normas de convivência.
   e) Procedeu a (*prep.*) + aquela (*pronome*) alteração do regimento. = Procedeu _____ alteração do regimento.

2. Explique o emprego do acento indicativo da crase nas frases:

   a) Não se dirigiu àquela moça.
   b) Entregou a carta à amiga de sua mãe.
   c) Fui à casa de minha irmã.
   d) Não aludiu às verdadeiras razões de seu ato.
   e) Não falava àquele homem.

3. Substitua os substantivos masculinos pelos femininos entre parênteses, e faça as adaptações necessárias.

   a) Devo obedecer aos regulamentos. (normas)
   b) É necessário pagar dignamente aos diretores. (diretoras)
   c) Cedemos o regulamento ao novo coordenador. (coordenadora)
   d) Apresentamos o novo coordenador aos professores. (professoras)
   e) Comuniquei a data do concurso ao candidato. (candidata)

4. Corrija as frases considerando o emprego do acento grave.

   a) Sua resposta é igual a de seu irmão.
   b) Das oradoras, não reconheci as que se apresentaram no início da sessão.
   c) Chegou tarde a casa na noite do temporal.
   d) Somente vi meu irmão a pouca distância.
   e) A partir de agora, não mais discutirei o tema.

5. Identifique a existência da crase e indique-a pelo acento adequado:

   a) Uma estrada liga a Suíça a Itália; outra, a Espanha a Portugal.
   b) Ele já foi a progressista Curitiba, a bela Porto Alegre, a antiga Roma.
   c) Não vá a Copacabana; está chovendo muito.
   d) Visitei a Tijuca da minha infância.
   e) Retornei a Leopoldina de minha infância, depois de longos anos.

6. Marque as frases em que a palavra TERRA deve ser precedida de à.

   a) O marinheiro foi a terra.
   b) Voltarei a terra dos meus tios.
   c) Da Lua o astronauta contemplava a Terra.
   d) Prefiro o mar a terra.
   e) Referiu-se a terra de seus familiares.

7. Antes da palavra CASA, emprega-se ou não à? Responda à questão, reescrevendo as frases abaixo adequadamente.

   a) Ela não voltou a casa desde aquela noite.
   b) Voltarei a casa dos meus pais.
   c) Você vai a casa demolida pela Defesa Civil?
   d) A prefeitura reformou as casas geminadas de Laranjeiras.
   e) Pagarei a última prestação devida as Casas Bahia.

8. Indique em qual das frases a seguinte noção não é aplicável: "Antes de possessivo, o acento de crase é facultativo."

   a) Fez referência as minhas ideias.
   b) Aceitemos as nossas diferenças regionais.
   c) O discurso era alusivo a minha terra.
   d) Criaram-se obstáculos as nossas ideias.
   e) Deu um basta as minhas aspirações.

9. *Recebe acento grave o a que inicia locuções formadas com substantivo feminino*. De acordo com o lembrete, acentue o *a* quando necessário:

   a) Saiu a procura de ofertas.
   b) A procura de vacinas aumentou com a enchente.
   c) A moda dos *hippies* voltou.
   d) Ela se veste a moda dos *punks*.
   e) O restaurante estava as moscas.

10. Indique as frases em que o emprego do acento indicativo da crase está INCORRETO.

      a) Morreu à míngua.
      b) Ficou à distância de 300 metros.
      c) A palestra foi ministrada à tarde.
      d) Sua força cresce à medida que aumenta o apoio da escola.
      e) Só faz compras à prazo.

14. ADEQUAÇÃO VOCABULAR

Uma palavra, ou expressão, pode ter vários sentidos:

A água compõe-se de dois *elementos*: oxigênio e hidrogênio. (substância básica)
A água é o *elemento* dos animais aquáticos. (meio em que se vive)
Não tenho *elementos* para resolver este problema. (dados)
Encontrei o *elemento* em atitude suspeita, disse o policial. (marginal, em jargão policial)

Assim, para o emprego adequado de um vocábulo, é necessário, em primeiro lugar, conhecer-lhe precisamente o significado e, depois, considerar a situação de comunicação em que está inserido. Nas frases a seguir, você vai observar a variação de significado do sentido básico do verbo *falar*, pelo acréscimo de significados secundários, de acordo com a situação:

O Presidente *falou* que a inflação vai diminuir. (= O Presidente *comunicou* que a inflação vai diminuir.)
O Senador *falou* ao partido da inconveniência de ceder às pressões externas. (= O Senador *advertiu* o partido da inconveniência de ceder às pressões externas.)
O Ministro *falou*, particularmente, aos amigos sua apreensão com o protecionismo econômico das nações mais ricas. (=O Ministro *confidenciou* aos amigos sua apreensão com o protecionismo econômico das nações mais ricas.)
O Reitor *falou* de cada argumento antes de decidir a questão (= O Reitor *ponderou* cada argumento antes de decidir a questão.)

O emprego adequado de um termo depende: do *referente*, dos *participantes do ato de comunicação*, do *código* e da *situação de comunicação*.

a) REFERENTE é o conceito designado pelo termo.

Exemplo de adequação ao referente: em *dar entrada a um recurso*, *dar* é verbo genérico para designar a ação; a expressão precisa é *interpor um recurso* (*interpor* ⟹ verbo específico para designar a ação judicial).
Esse tipo de substituição por termo genérico é próprio do registro informal da linguagem.

b) PARTICIPANTES DO ATO DE COMUNICAÇÃO são as pessoas envolvidas no ato de comunicação (emissor e receptor).

Exemplo de adequação ao emissor e receptor: uma pessoa de mais idade diria sobre uma festa que *ela estava interessante*, enquanto um adolescente poderia dizer que *ela estava maneira, legal*.

c) CÓDIGO é a língua. A adequação ao código apresenta dois aspectos: semântico (significado básico) e gráfico (grafia correta). A expressão *executar um papel* é inadequada do ponto de vista semântico; o correto será dizer *desempenhar um papel*. Por outro lado, estará correta a expressão *executar uma tarefa*.

Empregar *tráfigo de drogas* por *tráfico de drogas* é inadequado do ponto de vista da grafia, uma vez que *tráfigo* não existe. Houve confusão *entre tráfego* (= movimento de veículos) e *tráfico* (= comércio ilegal).

d) SITUAÇÃO DE COMUNICAÇÃO
Ambiência física e psicossocial em que acontece o ato comunicativo. Nos exemplos *rabiscar um texto, redigir um texto, elaborar um texto*, os verbos indicam, gradativamente, mudança de atitude do falante em relação ao ato de escrever o texto.
Conhecer o significado de uma palavra, portanto, consiste em saber usá-la adequadamente, nos vários contextos em que ela pode aparecer. Veja a palavra *parada*, por exemplo, no texto transcrito a seguir:

> "Difícil encontrar vocábulo mais discreto e, ao mesmo tempo, atarefado (....) *Parada* [a palavra] nunca tem chance de dar uma *parada* [ato de deter, interromper o movimento], sempre pululando de sentidos múltiplos e até contraditórios, na norma culta ou na língua das ruas. (....)" (RODRIGUES, Sérgio. Mascando Clichê, revista Domingo, *J.B.*,

18/11/2001. p.11. As expressões entre colchetes não constam do texto original).

O autor cita vários exemplos do uso da palavra, alguns dos quais aqui transcritos:

a) Nós, brasileiros, adoramos uma *parada*. (passagem de tropas)
b) Aquela morena *parada* na *parada* de ônibus é uma *parada*. (respectivamente: *que não está em movimento; ponto de ônibus; mulher bonita, interessante*)
c) Para com isso, Jurandir, que a *parada* ali é indigesta... (*situação; empreitada*)
d) Mas esteja preparado para o fracasso. Fracasso? Eu sou uma *parada* de sucessos! Fica só de olho na *parada*. (respectivamente: *sequência de sucessos; situação*)

Saiba mais

O emprego da palavra *parada* nas frases *b*, *c* e *d* é típico da linguagem popular do Rio de Janeiro.
Digna de nota também é a variação de significado de palavras nas diversas regiões do Brasil:
 bergamota (Brasília, Santa Catarina e Rio Grande do Sul) = mexerica (Minas Gerais) = tangerina (Rio de Janeiro) = laranja-mimosa (norte de Santa Catarina).

A propósito da adequação vocabular, convém lembrar o caso em que se usa um termo por outro, de som parecido, mas significado distinto (parônimo), recurso frequentemente usado por humoristas. Veja-se, por exemplo, a situação em que se diz que a moça vai tirar uma foto de *perfídia* (por *perfil*), encostada numa *calúnia* (por *coluna*).

Tira-dúvidas

1. *Abaixo* ou *a baixo*?

As duas formas são possíveis:

- *abaixo* = embaixo, em nível inferior:
  Os candidatos obtiveram médias muito *abaixo* do esperado, naquele concurso.

- *a baixo* = para baixo:
  As colegas olharam a recém-chegada de cima *a baixo*.

2. *Abaixo-assinado* ou *abaixo assinado*?

As duas formas são possíveis:

- *abaixo-assinado* = documento assinado por várias pessoas:
  Os professores do Estado enviaram um *abaixo-assinado* ao governador.

- *abaixo assinado(s)* = pessoa(s) que assina(m) um documento:
  Os *abaixo assinados*, professores do Estado,....

3. *Absolver* ou *absorver*?

As duas formas são possíveis:

- *absolver* = inocentar:
  Antes de morrer, *absolveu* meus erros.

- *absorver* = consumir, esgotar; recolher em si substância líquida ou gasosa:
  A profissão de médico *absorvia*-lhe as energias.
  A blusa de náilon não *absorvia* o suor.

4. *Acento* ou *assento*?

As duas formas são possíveis:

- *acento* = sinal gráfico:
  A palavra "café" tem *acento* agudo.

- *assento* = lugar de sentar:
  O *assento* da cadeira estava danificado.

5. *Acerca de, há cerca de, a cerca de*?

As três formas são possíveis:

- *acerca de* = a respeito de, sobre:
  Não disse uma palavra *acerca da* crise.

- *há cerca de* = tempo passado aproximado:
  O novo ministro tinha-se afastado do governo *há cerca de* três anos.

- *a cerca de* = a aproximadamente:
  A plataforma estava *a cerca de* 120 quilômetros da costa.

6. *Acidente* ou *incidente*?

As duas formas são possíveis:

- *acidente* = acontecimento infeliz de que resultam danos:
  Neste final de semana um *acidente* ceifou quatro vidas.

- *incidente* = um acontecimento qualquer, um episódio:
  De nada adianta rememorar aquele *incidente*.

7. *Aferir* ou *auferir*?

As duas formas são possíveis:

- *aferir* = conferir, avaliar:
  Você não pode *aferir* o meu conhecimento pelo seu.

- *auferir* = obter (lucro):
  Este ano, os bancos vão *auferir* lucros ainda maiores.

8. *Alisar* ou *alizar*?

As duas formas são possíveis:

▶ *alisar* = tornar liso, passar a mão, afagar.
   A menina queria *alisar* o cabelo.

▶ *alizar* = peça de madeira ou de outro material que reveste ombreiras de portas e janelas
   Precisamos refazer o *alizar* da porta da entrada.

9. *Anais* ou *anal*?

As duas formas são possíveis:

▶ *anais* = registro de trabalhos apresentados e de fatos ocorridos:
   Foram publicados os *anais* do Congresso.

▶ a*nal* é relativo ao *ânus*:
   Feriu-se na região *anal*.

> **Saiba mais**
>
> ▶ *Anais*, registro de trabalhos, é usado sempre no plural, assim como: *antolhos, arredores, belas-artes, condolências, copas, espadas, exéquias, ouros, paus* (naipes do baralho), *férias, fezes, núpcias, óculos, olheiras, pêsames, víveres.*
>
> ▶ O plural do adjetivo *anal* também é *anais*.

10. *Ascender* ou *acender*?

As duas formas são possíveis:

▶ *ascender* = elevar-se:
   Seu objetivo de vida é *ascender* socialmente.

▶ *acender* = tornar aceso:
   Procurem não *acender* muitas lâmpadas ao mesmo tempo.

11. *À toa* ou *a toa*?

A expressão correta é a primeira, com acento grave no *à*.

- *à toa* = ao acaso:
  "Estava *à toa* na vida..." (Chico Buarque)

- *à toa* = sem razão, sem resultado:
  Reclamou *à toa* do atraso do aluno.
  Investi *à toa* na empresa que não progrediu.

- *à toa* = sem importância; que não exige esforço:
  Você se cansou por um trabalhinho *à toa*.

12. *Bebedouro ou bebedor*?

As duas formas são possíveis:

- *bebedouro* = tipo de aparelho que fornece água de beber, local em que se bebe:
  Estava sedento e correu ao *bebedouro*.

- *bebedor* = aquele que bebe:
  Os franceses são grandes conhecedores e *bebedores* de vinhos.

13. *Bimestral* ou *bimensal*?

As duas formas são possíveis:

- *bimestral* = o que dura dois meses ou um bimestre:
  Posso fazer um contrato de locação *bimestral*?

- *bimensal* = o que se realiza duas vezes por mês, ou em cada quinzena:
  Fazíamos reuniões *bimensais*; toda quinzena nós nos reuníamos.

14. *Caçar* ou *cassar*?

As duas formas são possíveis:

- *caçar* = apanhar animais:
  Eles foram presos por *caçarem* animais silvestres.

- *cassar* = anular:
  A prefeitura *cassou* a autorização da empresa que pretendia construir um prédio em uma reserva florestal.

15. *Cavaleiro* ou *cavalheiro*?

As duas formas são possíveis:

- *cavaleiro* = que monta a cavalo:
  Os *cavaleiros* brasileiros ganharam o campeonato de equitação.

- *cavalheiro* = homem educado:
  No baile, aquela moça era disputada por todos os *cavalheiros*.

16. *Cela* ou *sela*?

As duas formas são possíveis:

- *cela* = aposento de religiosos nos conventos ou de condenados em presídios:
  Os padres permaneciam em suas *celas* para as orações noturnas.
  As *celas* dos presídios de várias cidades foram reformadas.

- *sela* = arreio:
  Cavalos de raça usam *selas* especiais.

17. *Censo* ou *senso*?

As duas formas são possíveis:

- *censo* = recenseamento:
  O último *censo* escolar informou que houve um aumento do número de crianças na escola.

- *senso* = capacidade de julgar, de sentir, de perceber:
  Agirei com bom *senso* para não ser injusto.
  Não se importava com os apelidos que lhe davam porque tinha *senso* de humor.

18. *Cerrar* ou *serrar*?

As duas formas são possíveis:

- *cerrar* = fechar:
  As lojas dos centros comerciais *cerram* as portas às 22 horas.

- *serrar* = cortar com serra:
  Vamos *serrar* a bancada para caber o novo computador.

19. *Cessão*, *sessão* ou *seção*?

Existem as três formas:

- *cessão* = ato de ceder:
  O governo fez *cessão* de uma fazenda às comunidades carentes.

- *sessão* = reunião:
  Comparecemos à *sessão* em que se elegeu o reitor.

- *seção* = parte de um todo:
  Procure a *seção* de ortografia.

20. *Cesta* ou *sexta*?

As duas formas são possíveis:

- *cesta* = recipiente em que se colocam objetos, roupas, alimentos:
  Em Ouro Preto, há belas *cestas* de palha.

- *sexta* = numeral ordinal:
  Nas *sextas*-feiras, os cariocas costumam viajar para o campo.

21. *Com base em* ou *a partir de*?

As duas formas são possíveis:

▶ *com base em* = de acordo com:
 É uma categoria passível de controle *com base em* regras e princípios rígidos.

▶ *a partir de* = a começar de:
 A partir de hoje não mais usarei essa expressão.

22. *Comprimento* ou *cumprimento*?

As duas formas são possíveis:

▶ *comprimento* = medida:
 O *comprimento* das saias varia conforme a moda.

▶ *cumprimento* = realização, saudação:
 O *cumprimento* do dever caracteriza o bom cidadão.
 Um *cumprimento* dela é digno de nota.

23. *Conserto* ou *concerto*?

As duas formas são possíveis:

▶ *conserto* = reparo:
 O *conserto* do vestido não me agradou.

▶ *concerto* = apresentação pública de obras musicais; acordo:
 Uma faringite impediu o comparecimento da famosa soprano ao *concerto*.
 É imprescindível um *concerto* internacional sobre o uso da água potável no planeta.

24. *Coradouro* ou *corador*?

A primeira forma é a correta. O lugar em que se põe a roupa a corar é *coradouro*, que apresenta as variantes *quarador* e *quaradouro*. Não existe *corador*.

 Coloquei a roupa no *coradouro* para clareá-la.

25. *Coser* ou *cozer*?

As duas formas são possíveis:

▶ *coser* = costurar:
   As modelos dispõem de costureira para *coser* suas roupas.

▶ *cozer* = cozinhar:
   Cozia os alimentos em fogão de lenha.

26. *Debaixo* ou *de baixo*?

As duas formas são possíveis:

▶ *debaixo de* (loc. prep.) = sob:
   O lápis estava *debaixo do* livro.

▶ *de baixo* (prep. + subst.) = ponto de partida inferior:
   Olhou-me com desprezo, *de baixo* para cima.

27. *Deferir* ou *diferir*?

As duas formas são possíveis:

▶ *deferir* = conceder:
   O prefeito vai *deferir* meu requerimento.

▶ *diferir* = diferençar:
   Seu ponto de vista vai *diferir* do meu.

28. *Delatar* ou *dilatar*?

As duas formas são possíveis:

▶ *delatar* = denunciar:
   Delatou o companheiro de crimes.
▶ *dilatar* = ampliar, aumentar as dimensões:
   Dilatou o prazo para a entrega dos requerimentos.

29. *Deletar* ou *apagar*?

As duas formas são possíveis:

▶ *deletar* = apagar o que está na tela do computador (emprego que deve ser restrito à linguagem da informática):
O secretário *deletou* todo o texto.

▶ *apagar* = fazer desaparecer o que está escrito, desenhado ou pintado:
Apague o que você escreveu no quadro-negro ao sair!

Saiba mais

Deletar é palavra adquirida, tomada de empréstimo ao inglês (onde entrou, curiosamente, a partir de um verbo latino, *delere*) e que se incorporou à língua portuguesa recentemente. Convém uma reflexão sobre a questão do empréstimo linguístico. O empréstimo acontece quando a palavra de uma língua passa a ser usada pelos falantes de outra à qual se integra. Deve-se ter em mente que os empréstimos ou estrangeirismos fazem parte da história dos povos e não há como evitá-los ou restringi-los com disposições normativas

30. *Demais* ou *de mais*?

As duas formas são possíveis:

▶ *demais* = excessivamente:
Você falou *demais* e causou desconfiança.

▶ *de mais* ≠ de menos:
Nada há *de mais* em você ir à festa.

31. *Descrição* ou *discrição*?

As duas formas são possíveis:

- *descrição* = ato de descrever:
  A *descrição* do acidente foi minuciosa.

- *discrição* = qualidade de quem é discreto, reservado:
  Sua *discrição* agradou a todos.

32. *Descriminar* ou *discriminar*?

As duas formas são possíveis:

- *descriminar* = excluir a criminalidade de um fato, inocentar:
  Muitos desejam *descriminar* o uso da maconha.

- *discriminar* = distinguir, segregar:
  Os gastos deverão ser *discriminados* no projeto.
  Os imigrantes são *discriminados* em alguns países da Europa.

33. *Despensa* ou *dispensa*?

As duas formas são possíveis:

- *despensa* = lugar onde se guardam mantimentos:
  Se a *despensa* está cheia, para que fazer mais compras?

- *dispensa* = permissão para não se fazer algo:
  Pediu *dispensa* do serviço militar, por ser arrimo de família.

34. *Destratar* ou *distratar*?

As duas formas são possíveis:

- *destratar* = insultar:
  Destratava sistematicamente seus funcionários.

- *distratar* = rescindir um contrato:
  Precisamos *distratar* com urgência este contrato de aluguel.

35. *Dupla* ou *dupla de dois*?

A primeira forma é a correta. *Dupla* já significa dois, logo a repetição *dupla de dois* é redundante:
> Os cantores João da Roça e Zé de Campos formam uma *dupla* caipira de muito sucesso.

Saiba mais

▶ Não se diga: *suicidar-se a si mesmo*, nem *cada um de per si*; por serem redundantes.

▶ Na sintaxe, também se comete redundância, como a das palavras em destaque na frase abaixo, que, portanto, deve ser evitada:
> Chegou cedo; *mas* não trouxe, *porém*, o livro que eu encomendei.

▶ Às vezes a repetição se presta à ênfase; mas é necessário muito cuidado ao fazê-la:
> Maria, ao *se denunciar*, *acusou a si mesma* e a todos os seus cúmplices.

36. *Espiar* ou *expiar*?

As duas formas são possíveis:

▶ *espiar* = olhar:
> Ficava *espiando* a paisagem.

▶ *expiar* = corrigir, reparar (culpa ou falta), sofrer as consequências de:
> Se eles são culpados, devem *expiar* suas culpas.

37. *Estada* ou *estadia*?

As duas formas são possíveis:

▶ *estada* = permanência, geralmente, de pessoas em algum lugar:
   Minha *estada* em Minas Gerais foi muito prazerosa.

▶ *estadia* = permanência, geralmente, de navios por tempo limitado em algum lugar:
   É muito cara a *estadia* de navios nos portos brasileiros.

38. *Executar tarefa* ou *executar exercício*?

A primeira forma é a correta. Trata-se de *combinação sêmica*, isto é, a *combinação* entre os sentidos das palavras. *Executar* combina com *tarefa*, porque ambos possuem o elemento de significação *prazo marcado* que não existe em *exercício*. Daí *executar tarefa*, mas *fazer exercícios*.

> **Saiba mais**
>
> O verbo *fazer* e o substantivo *exercício* usam-se com significado genérico. Daí *fazer exercícios*.

39. *Flagrante* ou *fragrante*?

As duas formas são possíveis:

▶ *flagrante* = fato visto ou registrado no próprio momento da realização:
   O assaltante foi apanhado em *flagrante* delito.

▶ *fragrante* = aromático, perfumado, cheiroso:
   Jasmins *fragrantes* enfeitavam as mesas.

40. *Geminada* ou *germinada*?

As duas formas são possíveis:

▶ *geminada* = duplicada:
   A prefeitura resolveu restaurar as velhas casas *geminadas*.

- *germinada* = que foi gerada:
    Neste grupo são *germinadas* grandes ideias.

41. *Há* ou *a*?

As duas formas são possíveis:

- *há* (tempo passado):
    Ela chegou *há* um mês.

> **Saiba mais**
>
> Não se deve dizer *Ele chegou há um mês atrás*, por tratar-se de expressão redundante, uma vez que o verbo *haver* já indica tempo passado.

- *a* (tempo futuro):
    Ela viajará daqui *a* um mês.

42. *Imigrante* ou *emigrante*?

As duas formas são possíveis:

- *imigrante* = pessoa que entra em um país estrangeiro:
    No início do século XX, o Sul do Brasil recebeu muitos *imigrantes* italianos.

- *emigrante* = pessoa que sai de seu próprio país:
    Portugal recebeu muitos dentistas *emigrantes* brasileiros.

> **Saiba mais**
>
> *Migrante* é um termo genérico para *imigrante* e *emigrante*.

43. *Iminente* ou *eminente*?

As duas formas são possíveis:

- *iminente* = o que está para acontecer:
    Havia perigo *iminente* de a candidata eleger-se.

▶ *eminente* = *ilustre*:
   O *eminente* deputado apresentou importante projeto.

44. *Importuno* ou *inoportuno*?

As duas formas são possíveis:

▶ *importuno* = que incomoda, insuportável:
   Sua presença era *importuna*.

▶ *inoportuno* = num tempo inadequado, intempestivo:
   Elas riram num momento *inoportuno*.

45. *Inflação* ou *infração*?

As duas formas são possíveis:

▶ *inflação* = desequilíbrio da economia por redução do poder aquisitivo da moeda:
   A *inflação* é perigo constante para qualquer economia.

▶ *infração* = desrespeito às normas:
   O rapaz cometeu *infração* ao ultrapassar o carro pela direita.

46. *Infligir* ou *infringir*?

As duas formas são possíveis:

▶ *infligir* = aplicar:
   O Juiz *infligiu* a pena máxima ao assassino.

▶ *infringir* = transgredir:
   Se os motoristas não *infringissem* sistematicamente as normas de trânsito, não haveria tantos acidentes.

47. *Intimorato* ou *intemerato*?

As duas formas são possíveis:

▶ *intimorato* = sem temor, sem medo. (*temor* vem do latim *timor*):
   Pedro é *intimorato*; mudou-se para a Nova Zelândia sem conhecer pessoa alguma no país.

- *intemerato* = íntegro, puro:
    Pedro também é um rapaz *intemerato*; nada se conhece que o desabone.

48. *Mais informações* ou *maiores informações*?

A primeira forma é a correta. *Informação* não é mensurável em tamanho e peso, daí não poder ser maior ou menor:
    Preciso obter *mais informações* sobre o inquilino antes de alugar-lhe o apartamento.

Saiba mais

É possível o emprego da palavra com o pronome indefinido *várias*:
    Seria necessário checar as *várias informações,* antes do veredicto.

49. *Mal* ou *mau*?

Existem as três formas:

- *mal* opõe-se a *bem*:
    Não há *mal* que sempre dure.
    Ele falou *mal* de você.

- *mal* = logo que, assim que:
    Mal ela chegou, serviram o jantar.

- *mau* opõe-se a *bom*:
    O *mau* pagador está fichado no Serviço de Proteção ao Crédito.

50. *Malfeitor* ou *mau feitor*?

As duas formas são possíveis:

- *malfeitor* = criminoso, fora da lei:
    O delegado saiu à caça de *malfeitores*.

- *mau feitor* = capataz incompetente:
    Ele é um *mau feitor*, mas não é um malfeitor.

51. *Más*, *mais* ou *mas*?

Existem as três formas:

- *más* (plural de *má*) opõe-se a *boas*:
    As *más* notícias chegam logo.

- *mas* (conjunção) indica oposição:
    Ela queria ler, *mas* esqueceu o livro.

- *mais* (modifica verbo, com ideia de tempo e intensidade, ou modifica nome com ideia de quantidade):
    Não estuda *mais* aqui. (tempo; modifica verbo *estudar*)
    Estuda *mais* que eu. (intensidade; modifica verbo *estudar*)
    Mais amor e menos confiança! (quantidade; modifica substantivo *amor*)
    Ela é *mais* inteligente que eu. (intensidade; modifica o adjetivo *inteligente*)

> **Saiba mais**
>
> *Menos* tem emprego semelhante ao de *mais*.
>   Estuda *menos* que eu. (intensidade); advérbio — modifica verbo
>   Mais amor e *menos* confiança! (quantidade); pronome adjetivo — modifica substantivo

52. *Mau grado* ou *malgrado*?

As duas formas são possíveis:

- *mau grado* = *má vontade* (usado basicamente na expressão *de mau grado*):
    Concordou, *de mau grado*, em adiar as férias.

- *malgrado* = *apesar de, não obstante, a despeito de*:
    Malgrado o esforço dos jogadores, o time perdeu.

53. *Mesinha* ou *mezinha*?

As duas formas são possíveis:

- *mesinha* (diminutivo de *mesa*, cujo radical termina em *s*):
  mesinha (<mesa); casinha (< casa); lapisinho (< lápis).

> **Saiba mais**
>
> Esse mesmo recurso aplica-se à grafia dos aumentativos:
>   mesão (< mesa); frasão (< frase).

- *mezinha* = remédio caseiro.

54. *Moderno* ou *atual*?

As duas formas são possíveis:

- *moderno* = o que está próximo a nosso tempo:
  Dentre os autores brasileiros *modernos* destacam-se Drummond, Graciliano e Cabral.

- *atual* = o que acontece no momento presente:
  A fome é uma preocupação *atual* do povo brasileiro.

> **Saiba mais**
>
> *Moderno* pode ser sinônimo de *atual* em expressões do tipo *vida moderna*, pois refere-se então à vida que acontece no momento: é a vida que se vive e não a de que se está próxima.

55. *Oferenda* ou *oferta*?

As duas formas são possíveis:

- *oferenda* = doação de caráter religioso, oblata:
  O padre agradeceu as *oferendas* para a reforma da paróquia.

> *oferta* = oferecimento, mercadoria anunciada a preços baixos:
> As lojas do Centro estão fazendo ótimas *ofertas*.

56. *Ovos estrelados* ou *ovos estalados*?

A forma correta é a primeira. No sentido de *frigir ovos sem mexer neles*, a forma adequada é *estrelar*, embora na linguagem coloquial se encontre *estalar* (=quebrar) como variante.
Aprecio *ovos estrelados* com arroz e banana.

57. *Perceber* ou *realizar*?

As duas formas são possíveis:

> *perceber* = entender:
> O artista *percebeu* a beleza da paisagem.

> *realizar* = fazer, elaborar:
> A solenidade de inauguração da Bienal do Livro *realizou-se* no sábado.

Saiba mais

O uso de *realizar* na acepção de *perceber* é modismo, por influência do inglês *to realize* (= perceber, constatar), e deve ser evitado. Não se diga: Só agora *realizei* sua crítica. Deve-se dizer: Só agora *percebi* sua crítica.

58. *Porque, por que, porquê* ou *por quê*?

Todas as formas são possíveis:

> *porque* (explicação ou causa) = uma vez que:
> A plataforma afundou *porque* sofreu um grave abalo.

> *por que* (pergunta direta ou indireta) = qual o motivo de:
> *Por que* o mercado brasileiro reagiu mal à crise argentina? (direta)
> Não sei *por que* o mercado brasileiro reagiu mal à crise argentina. (indireta)

- *por que* (prep. + pron. relativo) = pelo qual:
  Países sul-americanos vão desvalorizar sua moeda, situação *por que* o Brasil já passou.

- *porquê* (forma substantivada) = causa, motivo:
  Os *porquês* do acidente nunca serão revelados.

- *por quê* (no final de pergunta direta) = qual o motivo de:
  O mercado brasileiro reagiu mal à crise argentina, *por quê*?

59. Possível ou eventual?

As duas formas são possíveis:

- *possível* = provável:
  João Trota é um *possível* candidato à presidência do clube.

- *eventual* = casual, ocasional:
  Mário é uma presença *eventual* nos congressos.

60. Querer ou ansiar por?

As duas formas são possíveis:

- *querer* = ter vontade de, desejar possuir ou adquirir:
  Queria fugir dali.
  Queria aquele carro.

- *ansiar por* = desejar ardentemente; almejar:
  Ansiava por fugir dali.

Saiba mais

No conhecido ditado popular
  Quem muito *quer* tudo perde,
há mais força de expressão que em
  Quem *anseia* por algo, de tudo fica privado.
A segunda forma apresenta vocábulos mais formais (*anseia, privado*); não é construção popular. Chama-se a essa diferença REGISTRO DE FALA. Deve-se escolher o registro adequado à situação de comunicação.

61. *Ratificar* ou *retificar*?

As duas formas são possíveis:

- ▶ *ratificar* = confirmar, comprovar:
  As chuvas *ratificaram* a previsão da entrada de uma frente fria.

- ▶ *retificar* = corrigir, emendar:
  Retificou, em uma errata, parte das informações publicadas.

62. *Senão* ou *se não*?

As duas formas são possíveis:

- ▶ *senão* equivale a
  – *ou*:
  Encontre uma boa desculpa; *senão* estaremos perdidos.
  – *mas*:
  Não é caso de desespero, *senão* de preocupação.
  – *exceto*:
  Não desejo *senão* paz!
  – *defeito*:
  Não há *senões* naquela obra.

- ▶ *se não* (conj. *se* que exprime condição seguida da negação *não*):
  Se não terminarmos este capítulo hoje, nosso coordenador vai-se aborrecer.

63. *Soar* ou *suar*?

As duas formas são possíveis:

- ▶ *soar* = fazer som:
  O sino *soava* para chamar os fiéis.

- ▶ *suar* = transpirar:
  Os trabalhadores *suavam* ao carregar o pesado piano.

64. *Tão pouco, tão-pouco* ou *tampouco*?

Existem as três formas:

▶ *tão pouco* = bem pouco:
Você se aborrece por *tão pouco*?

▶ *tão-pouco* (variante de *tampouco*):
Você não me acusou; *tão-pouco* me defendeu.

▶ *tampouco* = nem:
Você não me acusou; *tampouco* me defendeu.

65. *Tráfego ou tráfico?*

As duas formas são possíveis:

▶ *tráfego* = grande quantidade de veículos em movimento:
O *tráfego* estava intenso e o ônibus se atrasou.

▶ *tráfico* = comércio ilegal:
Só no século XIX terminou o *tráfico* de escravos no Brasil.

66. *Traz* ou *trás*?

As duas formas são possíveis:

▶ *traz* (forma do verbo *trazer*):
Ela frequentemente *traz* os cabelos presos.

▶ *trás* (preposição) = *atrás*, *detrás*, *após*, *depois*:
Volta ao Pantanal ano *trás* ano.

67. *Viagem* ou *viajem*?

As duas formas são possíveis:

▶ *viagem* (substantivo)
A *viagem* de vocês à Chapada Diamantina será prazerosa.

▶ *viajem* (forma do verbo *viajar*)
  Convém que *viajem* às praias nordestinas com nossa operadora de turismo.

68. *Viger* ou *vigir*?

A primeira forma é a correta. *Viger* significa *estar em vigor, vigorar*:
  Essa lei não *vige* mais, ou seja, não está *vigendo*, não está em vigor.

69. *Vultoso* ou *vultuoso*?

As duas formas são possíveis:

▶ *vultoso* = de grande vulto, volumoso:
  Conseguiu um empréstimo *vultoso* no banco.

▶ *vultuoso* = aspecto da face vermelha e inchada:
  A face *vultuosa* impressionava a todos.

Exercícios (gabarito no final do livro)

1. Substitua as formas verbais em itálico por um dos seguintes verbos: *declarar, comunicar, participar, informar, noticiar*:

   a) O chefe *disse* sua decisão a todos.
   b) O político entrevistado nada tinha a *dizer*.
   c) O médico achou melhor *dizer* ao paciente sobre os riscos do exame.
   d) O jornal noturno *disse* que amanhã os motoristas entrarão em greve.
   e) Pretendemos *dizer* a todos nosso endereço.

2. Reescreva as frases usando um dos termos entre parênteses:

   a) O violinista mandou fazer um (conserto/concerto) em seu instrumento.
   b) Os monges recolhem-se às suas (celas/ selas) para descansar.
   c) Mais dez (passos/ paços) e estaremos no (passo/ paço) episcopal.
   d) Conseguimos chegar apenas para a última (sessão/ cessão) do cinema.
   e) Sua (descrição/ discrição) impediu-a de contar o segredo da amiga.

3. Responda às questões:

   a) Se a justiça vai "aplicar a pena merecida aos traficantes", a justiça vai *infligir* ou *infringir* essa pena?
   b) Se todas as tardes, ela *"fecha* as cortinas do quarto", ela *cerra* ou *serra* as cortinas?
   c) Se é errado "diferenciar indevidamente as pessoas", é errado *discriminá*-las ou *descriminá*-las?
   d) Se "os inconfidentes foram denunciados por Silvério dos Reis", devemos concluir que Silvério *delatou*-os ou *dilatou*-os?
   e) Se "o juiz inocentou o réu de seu crime", devemos concluir que o réu foi *absolvido* ou *absorvido*?

4. Corrija a(s) frase(s) em que os termos *grifados* estejam inadequadamente empregados:

   a) Cassaram-lhe o *mandado* por seu envolvimento na venda de imóveis públicos.
   b) A cada *senso* diminui a taxa de natalidade no Brasil.
   c) Terminada a audição, os *espectadores* aplaudiram os músicos.
   d) O presidente *retificou* a demissão do Ministro.
   e) Ele não me respondeu o *comprimento*.

5. Explique o significado das palavras sublinhadas:

   a) Pegaram o criminoso em flagrante.
   b) Os espanhóis cultivam o hábito da hora da sesta.
   c) O juiz somente deferiu os requerimentos bem fundamentados.
   d) As ações contra o tráfico de drogas parecem estar surtindo efeito.
   e) O Brasil livrou-se da inflação que corroía sua economia.

6. A frase "...o economista português verberou a polarização da riqueza em muitos países..." quer dizer que o economista:

   a) apontou a má distribuição da riqueza em muitos países.
   b) condenou a concentração da riqueza que ocorre em muitos países.
   c) mostrou a concentração da riqueza na mão de poucos, o que ocorre em muitos países.
   d) abordou a má distribuição da renda nacional que existe em muitos países.
   e) criticou, em muitos países, que a produção econômica se tenha reduzido a um só produto básico.

7. Escolha, na relação entre parênteses, o adjetivo que melhor caracterize as ações, movimentos, gestos ou atitudes de um(a):

   a) dançarino _____
   b) ginasta _____
   c) roda-gigante _____
   d) lebre _____
   e) criança _____

(lépido, cadenciado, impetuoso, ágil, ritmado, compassado, giratória, cambaleante, irrequieto, fogoso, violento, resfolegante, tremulante, ofegante, arquejante)

8. Escolha, na lista abaixo, os advérbios adequados à caracterização das seguintes ações ou comportamentos:

   a) agir de maneira ridícula, sem senso da realidade.
   b) agir com cuidado.
   c) fazer as coisas pouco a pouco.
   d) fazer as coisas sem chamar a atenção.
   e) agir sem medir as consequências.

(metodicamente, cuidadosamente, discretamente, insensatamente, paulatinamente, irresponsavelmente, nababescamente, ostensivamente, sensatamente)

9. Entre os verbos abaixo, escolha a forma adequada para as situações de comunicação indicadas.

   _____ um sorriso (dar, esboçar, delinear, abrir, sapecar)

   a) situação formal.
   b) situação informal.
   c) uso literário.
   d) uso metafórico.
   e) gíria.

10. Escolha a palavra adequada entre as que estão entre parênteses e complete as frases.

   a) Antes de partir, recebeu o último _____ (preito/ pleito).
   b) Ela se destacou como brilhante candidata no _____ (preito/ pleito) de 2006.
   c) Apertou tanto o _____, que o tecido ficou _____. (laço/ lasso)
   d) Em alguns países, os _____ sociais não se intercomunicam. (estratos/ extratos)
   e) Atualmente, paga-se até por um _____ bancário! (estrato/ extrato)

15. PONTUAÇÃO

Os sinais de PONTUAÇÃO servem, na escrita, para imprimir ritmo à comunicação, auxiliar a compreensão da mensagem e/ou enfatizar-lhe alguns pontos. Logo a pontuação representa graficamente recursos complementares da elocução oral, tais como pausas, modulações da voz (entoação) e destaques de elementos do texto.

Os sinais de pontuação podem-se classificar em

– marcadores de PAUSA:
    a) vírgula (,)
    b) ponto (.)
    c) ponto e vírgula (;)

– marcadores de ENTOAÇÃO:
    a) dois-pontos (:)
    b) ponto de interrogação (?)
    c) ponto de exclamação (!)
    d) reticências (...)

– destaque de letra, palavra ou parte de um enunciado:
    a) aspas duplas (" ") e simples (' ')
    b) parênteses (( ))
    c) travessão (—)
    d) colchetes ([ ])

Neste capítulo serão tratados os sinais de pausa e de entoação, em cujo uso há maior dificuldade.

A falta de pontuação, ou sua alteração, pode causar muitos danos. Veja o seguinte trecho, bastante conhecido, que só pela pontuação adequada adquire sentido:

> *Um fazendeiro tinha um bezerro e a mãe do fazendeiro também era o pai do bezerro.*

Observe agora o texto pontuado:
Um fazendeiro tinha um bezerro e a mãe; do fazendeiro também era o pai do bezerro.

Segue outro exemplo, também conhecido, em que diferentes pessoas se habilitam como herdeiras num documento:
Um milionário redigiu seu testamento desta forma: "Deixo a minha fortuna para o meu irmão não para o meu sobrinho jamais para o meu advogado nada para os pobres".

Mas não pontuou, por ignorância do assunto, ou porque ainda poderia mudar de ideia sobre os herdeiros. Morreu o milionário...
– E que aconteceu?!...

O irmão assim entendeu o texto:
Deixo a minha fortuna para o meu irmão; não para o meu sobrinho, jamais para o meu advogado, nada para os pobres.

Vem o sobrinho e diz que o texto deve ser:
Deixo a minha fortuna para o meu irmão? Não. Para o meu sobrinho! Jamais para o meu advogado. Nada para os pobres.

Por sua vez o advogado, que trabalhava há muito para o milionário, resolveu que o texto deveria ser assim pontuado:
Deixo a minha fortuna para o meu irmão? Não. Para o meu sobrinho? Jamais. Para o meu advogado! Nada para os pobres.

Finalmente um representante dos pobres diz que o correto deveria ser:
Deixo a minha fortuna para o meu irmão? Não. Para o meu sobrinho? Jamais. Para o meu advogado? Nada. Para os pobres.

SINAIS MARCADORES DE PAUSA

A) Vírgula

A vírgula marca uma pausa breve e emprega-se, basicamente, para

a) separar elementos de mesma função sintática:
   Eu, você, João e Maria fomos os escolhidos.
   Gosto de *andar, pescar, dançar e nadar*.
   Comprei *bananas, maçãs, figos e peras*.

b) intercalar elementos entre termos que se relacionam diretamente na frase, isto é, sujeito e predicado; verbo e complementos; nome e complementos:
   Quero dizer, *antes de mais nada,* que não aprovo a ideia.

c) destacar elementos:
   O próprio diretor, *João Vitório,* descartou a ideia.

Tira-dúvidas

1. Podem-se separar *elementos coordenados* com vírgula?

Sim, porque elementos de mesma função sintática separam-se por vírgula:

Cientistas canadenses, técnicos brasileiros e representantes norte-americanos vão examinar o rebanho brasileiro. (elementos do sujeito composto)

Vendi *um carro, dois apartamentos, três motos*. (elementos do objeto composto)

Ela é *bela, inteligente, educada*. (elementos do predicativo composto)

2. Pode-se separar o *sujeito* do *verbo* com vírgula?

Não se separam por vírgula termos que se relacionam diretamente na frase. Por esta razão não é admissível separar, com vírgula: sujeito e predicado; verbo e complementos; nome e complementos. Observe-se que, em função desse fato, a oração a seguir, apesar de longa, não admite vírgula:

O filho mais novo do seu Juca do Bar Tira-Teima (sujeito) recebeu (verbo) o prêmio de melhor saxofonista da banda (objeto).

> **Saiba mais**
>
> Se for necessário intercalar alguma informação entre termos que mantêm relação sintática direta, a intercalação virá entre vírgulas:
>
> A poluição ambiental, *monstro do século XXI*, não apresenta perspectiva de solução. (entre sujeito e verbo)
> A poluição ambiental não apresenta, *até o momento*, perspectiva de solução. (entre o verbo e seu objeto)

3. Podem-se destacar as *formas de chamamento* (*vocativos*) com vírgula?

Sim. O vocativo é sempre separado por vírgula:
João, como está a obra?
Chuva, ó chuva, onde estás que não refrescas esta cidade?!

> **Saiba mais**
>
> Atenção para a diferença entre vocativo e sujeito:
> João, vem aqui. (João é vocativo; separa-se com vírgula)
> João vem aqui. (João é sujeito; não se separa com vírgula)

4. Com *expressões explicativas* ou *de retificação* (aposto explicativo, expressões do tipo *isto é, aliás, a saber, ou seja*), usa-se ou não a vírgula?

Tais expressões são sempre usadas entre vírgulas:
Graciliano Ramos, *um dos maiores romancistas brasileiros*, é alagoano.
A estrela do cantor está perto de perder o seu brilho, *isto é*, seu último disco foi um fracasso.
Ela comprou cinco, *aliás*, seis vidros de mostarda francesa.

5. **Para assinalar *adjunto adverbial* deslocado de seu lugar natural, usa-se vírgula ou não?**

> Sim. O lugar do adjunto adverbial é no final da oração. Se ele vem no início ou no meio da oração, deverá ser destacado por vírgula.
>> *Na festa de casamento da modelo*, os docinhos de ovos foram logo devorados. (deslocamento do adjunto adverbial para início da oração)
>> Todos esperavam, *por uma questão de justiça,* que a primeira classificada assumisse o posto. (deslocamento do adjunto adverbial para o centro da oração, além de estar intercalado entre termos que se relacionam)

6. **Para separar *orações coordenadas*, usa-se vírgula ou não?**

> Sim, porque as orações coordenadas são independentes:
>> A vida continua, *vamos em frente.*
>> Ninguém pediu minha opinião, *mas eu dou assim mesmo.*

Saiba mais

Em orações do tipo:
> *Quem tudo quer tudo perde.*

não se usa vírgula porque a primeira oração é sujeito da segunda, e não se separam termos que se relacionam.

---

7. **Para separar *orações subordinadas adverbiais*, usa-se vírgula ou não?**

> Sim, quando antepostas à oração principal:
>> *Quando o novo presidente assumir*, haverá profundas alterações no ministério. (subordinada adverbial anteposta)

8. Para indicar *omissão de palavras*, usa-se vírgula ou não?

Sim, principalmente quando a omissão é do verbo:
Antes estudávamos inglês; hoje, espanhol. (=Antes estudávamos inglês; hoje estudamos espanhol).

> **Saiba mais**
>
> A vírgula também pode ser usada para indicar excesso — caso da repetição de termos (=pleonasmo) que se antecipam na frase, bem como caso de polissíndeto (=repetição da conjunção *e*):
> *Aqueles alunos*, quero-*os* suspensos a partir de amanhã.
> (*aqueles alunos* antecipa na frase a referência a eles, expressa pelo pronome *os*).
> *E* ela chorava, *e* gesticulava, *e* gritava. (repetição da conjunção *e*).

9. Para separar a *data da localidade*, em documentos, usa-se vírgula ou não?

Sim, separam-se localidade e data por vírgula, com um ponto no final:
Rio de Janeiro, 12 de julho de 2005.

10. Com a *conjunção e*, usa-se ou não a vírgula?

▶ Normalmente não se emprega vírgula antes do *e*, que liga elementos coordenados entre si:
Estavam presentes os ministros, os deputados, os senadores *e* o presidente.

▶ Se houver interesse em destacar o último elemento, pode-se usar a vírgula:
Estavam presentes os ministros, os deputados, os senadores, *e* o presidente.

▶ Se a conjunção *e* ligar orações, não se usa vírgula entre elas, se o sujeito for o mesmo. Entretanto, se os sujeitos forem diferentes, emprega-se a vírgula antes do *e*:

>O velho saiu cedo de casa e só voltou depois de meia noite.
>(mesmo sujeito para as duas orações)
>O prazo do mandato venceu, e o senador deixou a presidência. (sujeitos distintos)

11. Com o *pronome relativo que*, usa-se ou não a vírgula?

Há duas possibilidades:

▶ COM vírgula antes do *que*, se a retirada da oração iniciada por ele não implicar alteração de sentido.
Compare:
>A poesia de João Cabral, que busca clareza e objetividade, foi reeditada.

com
>A poesia de João Cabral foi reeditada.

Foi dito então que *a poesia de Cabral foi reeditada*, independentemente de ela *ser clara e objetiva*, ou não, isto é, o sentido da primeira oração não se altera, com a retirada da segunda.

▶ SEM vírgula antes do *que*, se a ausência da oração iniciada por ele implicar alteração de sentido:
>Vemos em João Cabral um poeta *que* busca clareza e objetividade.

Se retirada a oração *que busca clareza e objetividade*, passa-se a dizer que vemos em Cabral um poeta, mas não um poeta com determinadas características (*clareza* e *objetividade*).

12. Com as *conjunções pois* e *porém,* usa-se ou não a vírgula?

Os dois casos são possíveis:

▶ se elas iniciam orações, deverão ser precedidas de vírgula:
A família do artista está animada, *pois* ele se recupera rapidamente. (*explicação*)
A mais nova das irmãs é atriz de sucesso, *porém* a mais velha fracassou na profissão. (*contraste*)

▶ se elas estiverem no meio da oração, virão entre vírgulas:
Parece que muitos gostaram do livro; deverá ser, *pois*, um sucesso de vendas. (*conclusão*)
A mais nova das irmãs é atriz de sucesso, a mais velha, *porém*, fracassou na profissão. (*contraste*)

Saiba mais

▶ Em relação a *porém*, observe-se que ele indica contraste nos dois empregos; o *pois* vem após uma vírgula quando explicativo e entre vírgulas, quando conclusivo.

▶ o mesmo acontece com *no entanto* e *logo*. Somente, no início da oração, são precedidos de vírgula; se vêm no meio da oração ficam entre vírgulas:
A mais nova das irmãs é atriz de sucesso, *no entanto* a mais velha nunca pensou em seguir essa profissão.
A mais nova das irmãs é atriz de sucesso; a mais velha, *no entanto*, fracassou na profissão.

13. Com a conjunção *mas*, usa-se ou não a vírgula?

▶ ANTES da conjunção *mas* usa-se vírgula, porque ela inicia oração coordenada:
A mais nova das irmãs é atriz de sucesso, *mas* a mais velha fracassou na profissão.

▶ DEPOIS do *mas* ou de qualquer outro conectivo no início de oração, não se usa vírgula; observe, na frase a seguir, que a vírgula depois da conjunção *mas* é empregada para intercalar a expressão *vale dizer*:
A mais nova é atriz de sucesso, *mas, vale dizer,* trabalhou muito para isso.

> **Saiba mais**
>
> ▶ Por ser conjunção que liga orações coordenadas, o *mas* não deve iniciar períodos. O mesmo se diga para o *porém*.

14. Antes de *etc.*, usa-se ou não a vírgula?

Não se deve usar vírgula antes de *etc.* embora alguns gramáticos afirmem o contrário. A razão é que em *etc.* já se inclui a conjunção *e* (*etc* = e as demais coisas):

> Todos querem muito da vida: amor, dinheiro, paz, saúde, sucesso *etc.*

15. Em término de correspondência, usa-se vírgula?

Em despedidas, seja em correspondência informal, seja em correspondência formal, usa-se vírgula antes do remetente:

> Uma beijoca,
> *Fernanda*
>
> Atenciosamente,
> *Manuel Ferreira*

B) Ponto

O Ponto marca pausa maior e emprega-se para

a) encerrar períodos;

b) marcar encerramento de conjunto de períodos (ponto parágrafo);

c) integrar abreviaturas: *V. Ex.ª* (Vossa Excelência), *etc.* (*et coetera*), *p.* (página), *f.* (folha), *v.* (volume).

> **Saiba mais**
>
> O ponto parágrafo emprega-se quando se passa de uma ideia para outra, ou quando se amplia a mesma ideia com outro conjunto de períodos. O novo conjunto inicia-se na linha seguinte, com letra maiúscula e a certa distância da margem:
>
>> As aquisições de empresas bateram um recorde no país, ano passado. De acordo com pesquisa de uma grande firma de consultoria, ocorreram seiscentos e dezenove negócios desse tipo.
>>
>> O Brasil espera que tais negócios sejam tão bem-sucedidos quanto nos E.U.A.

C) Ponto e vírgula

O PONTO E VÍRGULA marca uma pausa mais longa do que a vírgula e mais breve que o ponto. Emprega-se para separar orações coordenadas que

a) apresentam elementos separados por vírgula:
> A poluição ambiental, monstro do século XX, não apresenta perspectiva de solução; isto não significa, no entanto, que tenha deixado de ser um problema.

b) expressam conteúdos paralelos ou contrastantes:
> Há pessoas que acreditam em Deus e frequentam igrejas; há pessoas que acreditam em Deus e não frequentam igrejas; há pessoas que nem frequentam igrejas nem acreditam em Deus. (paralelismo)
>
> A polícia fez uma mega varredura em todos os presídios; meia hora depois de os soldados se retirarem, um preso foi fotografado falando ao celular. (contraste)

c) constituem itens de ato normativo:
> Lei n. 7.064, de 06/12/1982, sobre trabalhadores no exterior.

Parágrafo único (do Art. 6°) Fica assegurado ao empregado seu retorno ao Brasil, ao término do prazo da transferência, ou antes deste, na ocorrência das seguintes hipóteses:
   a) após 03 (três) anos de trabalho contínuo;
   b) para atender a necessidade grave de natureza familiar, devidamente comprovada;
   c) por motivo de saúde, conforme recomendação constante de laudo médico;
   d) quando der o empregado justa causa para a rescisão do contrato;
   e) na hipótese prevista no inciso I deste artigo.

SINAIS MARCADORES DE MELODIA

A) Dois-pontos

Os dois-pontos marcam suspensão da voz numa frase não concluída. Empregam-se para introduzir

a) enumeração:
> São três os meus poetas prediletos na literatura brasileira: Gonçalves Dias, Carlos Drummond de Andrade e João Cabral.

b) discurso direto precedido dos verbos *dizer*, *responder*, *perguntar* e semelhantes:
> O deputado disse: "Os partidos devem parar de discutir cargos para discutir programas."

c) explicação:
> O líder do partido só deseja uma coisa: garantir a unidade partidária.

B) Ponto de interrogação

Sinal que se põe no final da frase e representa uma pergunta direta:
> Qual a marca de carro mais vendida no país?

Assim, não se usa o ponto de interrogação para marcar uma pergunta indireta:
> Gostaria de saber qual a marca de carro mais vendida no país.

C) Ponto de exclamação

É o sinal que se põe no final da frase que exprime emoção:
Que belo dia!

Exatamente por exprimir emoção, usa-se o ponto de exclamação em frases que expressam desejo, alegria, surpresa; e também frases interjetivas:
O Diabo te carregue! Deus te abençoe! Boa viagem! Ah! Viva! Silêncio!

D) Reticências

É o sinal que indica a suspensão do pensamento e hesitação em enunciá-lo:
Se as paredes daquele palácio falassem...
– Espero estar de volta às...
Eu... eu... não consigo achar as palavras certas para exprimir minha emoção.

As reticências postas no final do enunciado dispensam o ponto, mas elas podem combinar-se com vírgula, ponto e vírgula, ponto de interrogação e ponto de exclamação.
Se as reticências indicam enumeração não concluída, podem ser substituídas por *etc.*:
Nas férias, andamos a cavalo, fomos à praia, fizemos trilha...
ou
Nas férias, andamos a cavalo, fomos à praia, fizemos trilhas *etc.*

Saiba mais

Os três pontos empregados para indicar supressão de partes de um texto não são reticências. Para evitar esse equívoco, modernamente, usam-se quatro pontos para tal finalidade:
"É como um carnaval com apenas duas escolas de samba. (....) O Festival Folclórico de Parentins (....) é por si só uma apoteose de belas imagens. (....)"
(ERTHAL, Aline Duque. Duelo Fantástico, revista Domingo, *J.B.*, 10/07/2005, p. 18.)

Exercícios (gabarito no final do livro)

1. Assinale o item em que ocorre grave ERRO de emprego da vírgula

   a) A vírgula, sinal de pontuação usado com frequência não pode separar sujeito de predicado.
   b) Você não estava, ontem, presente ao espetáculo circense a que compareceu seu grupo de amigos.
   c) Para discussões mais profundas sobre o tema, ninguém melhor que sua grande amiga.
   d) Na volta do concurso que selecionou os melhores jogadores de xadrez, Miguel estava radiante.
   e) Antes de sair de casa, assegure-se de ter deixado todas as janelas fechada, por causa da chuva iminente.

2. Assinale o item em que NÃO ocorre erro de pontuação:

   a) Nos estudos, linguísticos, pode ser apontado um conjunto de propriedades e funções da pontuação.
   b) O ponto final é dos primeiros sinais de pontuação, e marca limite da frase e abreviatura.
   c) Destaca-se na pontuação função importante: união e separação das partes do discurso.
   d) Os sinais de pontuação usam-se para na modalidade escrita, reproduzir recursos rítmicos e melódicos.
   e) Sinais de pontuação que podem ter valor expressivo: hífen, aspas, parênteses, colchetes, travessão, e barras.

3. Assinale o item em que ocorre ERRO no emprego dos sinais de pontuação.

   a) Como você pretende fazer oposição à candidata?.
   b) Silêncio! Não vê que o bebê está dormindo?!
   c) Premiarei o aluno com melhor desempenho na discussão do tema.
   d) Meu tio, que desconhecia o caso, manteve-se calado na discussão.
   e) Meu tio, que era um velhinho simpático, faleceu ontem.

4. Assinale o único item em que a pontuação NÃO aponta uma explicação.

   a) Tristeza de ver a tarde cair / Como cai uma folha. / (No Brasil não há outono / mas as folhas caem). (Carlos Drummond de Andrade).
   b) Meu tio, que desconhecia o caso, manteve-se calado durante toda a discussão.
   c) O contrato — por envolver muito dinheiro — exigia atenção dobrada, da parte do advogado.
   d) Acho que você deve agir imediatamente: uma semana a mais e você perde o controle da situação.
   e) "Se dizem, fero Amor [e aí está um atributo importante para explicar os males do amor], que a sede tua nem com lágrimas tristes se mitiga..." (Camões, canto III).

5. Leia a regra sobre o emprego da vírgula e responda à questão.

"a vírgula é usada para isolar o aposto, ou qualquer elemento de valor meramente explicativo."

Serviria de exemplo, para o uso da vírgula com a finalidade de isolar o aposto, a frase:

   a) "Eles, os pobres desesperados, tinham uma euforia de fantoches." (Fernando Namora)
   b) "Dizei-me vós, Senhor Deus!" (Castro Alves)
   c) "Achava os homens declamadores, grosseiros, cansativos, pesados, frívolos, chulos, triviais." (Machado de Assis)
   d) "À noite, às vezes, fazia barulho." (A. F. Schmidt)
   e) "O sol já ia fraco, e a tarde era amena." (Graça Aranha)

6. No fragmento "Passando hoje pela porta do meu compadre José Amaro, ele me convidou para tomar conta de sua causa." (José Lins do Rego), o emprego da vírgula, depois de *Amaro*, é obrigatório para separar

   a) adjunto adverbial antecipado.
   b) elementos que exercem a mesma função sintática.
   c) oração reduzida de gerúndio, anteposta à principal.
   d) oração subordinada adjetiva explicativa.
   e) oração subordinada intercalada.

7. Pontue, adequadamente, as frases abaixo:

   a) "As nuvens as folhas os ventos não são deste mundo." (A. Meyer)
   b) "Depois de algumas horas de sono voltei ao colégio." (R. Pompeia)
   c) "Vá aonde quiser fique porém morando conosco."
   d) "Eu lhe responderia a vida é ilusão..." (A. Peixoto)
   e) "Quem chegou" "Diga-me quem chegou"

8. No interior da oração, a vírgula separa elementos que exercem a mesma função sintática (sujeito composto, complementos, adjuntos). Assinale a frase em que há vírgulas empregadas por essa razão.

   a) Os desenhistas foram orientados a graduar-lhe, no rosto, a presença de cansaço, surpresa, raiva, tristeza, desgosto e medo.
   b) Quando ela não comparece à aula, todos sentem a sua falta.
   c) Professora, onde a senhora aplicará a prova?
   d) Nem o meu advogado, profissional competente, conseguiu resolver essa pendência.
   e) Hoje eu comi polvo, meu prato preferido.

9. As orações coordenadas aditivas iniciadas pela conjunção *e* só serão separadas por vírgula quando os sujeitos forem diferentes ou quando o *e* aparecer repetido (polissíndeto). Marque a opção em que a vírgula deve ser empregada pelo primeiro motivo.

   a) Ele gritava e gesticulava como um louco.
   b) Ela irá no primeiro avião e seus filhos viajarão no próximo.
   c) O senador foi eleito e não tomou posse do cargo.
   d) Meus argumentos foram fortes e convenceram a plateia.
   e) Você faz tudo ao mesmo tempo e comete muitos erros.

10. A vírgula separa as orações subordinadas adverbiais quando antepostas à principal.

Em função do comentário, marque as opções em que a vírgula deve ser usada.

    a) Se ninguém fizer reclamações você terá um aumento de salário.
    b) Quando entrou no estabelecimento viu que os móveis estavam quebrados.
    c) Logo que chegar ao escritório faça a exposição de motivos.
    d) Vou a Minas nas férias e trarei sua encomenda.
    e) Zuenir é um cronista que dispensa apresentação.

GABARITO

1. GRAFIA DE PALAVRAS

1. b) hebreu, harpa, herói, hiato, hiena.
2. a) invalidez – grandeza – cicatriz – deslizante.
3. a) finalizar, pesquisar, analisar, improvisar.
4. a) lembrança, vingança, agressor, ascensor
5. a) cesareana. A forma correta é *cesariana*.
6. c) a forma correta é *chaleira, chapéu, chácara*.
7. c) reação – traição – *demissão*.
8. b) apenas duas estão escritas corretamente, *refúgio* e *persuasão*
9. c) umbigo, creolina, acriano.
10. b) a forma correta é *estrangeiro, gingado, digestão*.
11. a) fai__a, pei__e, encai__e. (faixa, peixe, encaixe)
12. ressarcido, ressecamento, recendia, aceite, excentricidade, exceder, abstenção, Nova Iguaçu, exato, exercício.
13. a) ant<u>e</u>diluviano, ant<u>e</u>ontem, cad<u>e</u>ado.
    b) camon<u>i</u>ano, cr<u>e</u>olina, <u>e</u>mpecilho.
    c) <u>e</u>ndireitar, açor<u>i</u>ano, cesar<u>i</u>ana
    d) lamp<u>i</u>ão, inc<u>i</u>nerar, p<u>e</u>riquito
    e) prev<u>e</u>nir, rep<u>e</u>tir, <u>e</u>risipela

2. ACENTUAÇÃO GRÁFICA

1. a) atraí-las – cúmplice – abdômen.
2. d) público – armazém – imundície – viúvo.
3. a) aerólito – alcoólatra – ômega – protótipo.
4. e) você – será – até.
5. d) espontâneo – tênue – advérbio – ânsia – línguas.
6. a) aneis – chapéu – anzóis.
7. b) pôr (verbo) – pôde (3.ª p. sing. pret. perf. ind. de *poder*)
8. d) caíra – egoísta – baú – saúde.
9. e) I, II e III
10. a) oxítona, oxítona, paroxítona, paroxítona, paroxítona, oxítona
11. d) eu venho; eles *vêm*.

3. EMPREGO DO HÍFEN

1. b) Não se emprega o hífen nos compostos em que se perdeu a noção de composição: *girassol, mandachuva, pontapé*.
2. a) na primeira: *bota-fora*.
3. Emprega-se o hífen em d) *tio-avô*; nas demais não se emprega: a) *final da tarde*; b) *cor de vinho*; c) *água de coco*; e) *café da manhã*.
4. b) *anti-heroísmo*, com ANTI- só se usa o hífen quando o segundo elemento começa por *h* ou *i*.
5. b) azul-claro; luso-brasileiro; conta-gotas; primeiro-tenente.
6. Não se emprega o hífen em b) *anterrepublicano; arquifonema; suboficial; semioficial*.
7. c) nas locuções consagradas pelo uso emprega-se o hífen: *cor-de-rosa, mais-que-perfeito*.
8. Os três topônimos são escritos com hífen: c) *Grã-Bretanha, Passa-Quatro, Todos-os-Santos*.
9. Está corretamente empregado o hífen em a), b) e c). Não levam hífen: d) *há de* nem e) *infraestrutura*.
10. a) *autodidata*; b) inhame-roxo; c) *entreaberta*; d) luso-brasileiro; e) sobre-humana.

4. EMPREGO DE INICIAIS MAIÚSCULAS

1. d) Cacique de Ramos.
2. a) Correta. Deve-se empregar letra maiúscula b) SENAI; c) Brasil e País; d) Nordeste; e) Vidas Secas.
3. Escreve-se com iniciais maiúsculas o nome dos astros (satélites, planetas, estrelas, constelações).
4. b) Professor <u>C</u>elso <u>C</u>unha.
5. b) I e II, apenas, porque a definição de acidente geográfico "oceano" grafa-se com minúscula
6. c) O motorista respondeu-lhe baixinho: *Eu* sei. (discurso direto)
7. a) <u>M</u>inistério das <u>R</u>elações <u>E</u>xteriores; b) <u>R</u>io São Francisco; c) <u>D</u>om <u>C</u>asmurro; d) <u>P</u>latão; e) <u>F</u>olha de <u>S</u>. Paulo.
8. a) Frequentou uma universidade federal no Rio de Janeiro. As demais estão incorretas: b) Universidade Federal do Rio de Janeiro; c) Colégio Pedro II; d) Academia Brasileira de Letras; e) Clube de Regatas do Flamengo.

9. Os pontos cardeais quando se referem a regiões são escritos com maiúscula (c, d, e) mas, quando indicam direções, escrevem-se com minúscula (a, b).
10. d) I, II, III e IV, apenas.

5. DIVISÃO SILÁBICA DO VOCÁBULO

1. d) Corrigindo a separação inadequada, deve-se escrever ri-o; mei-o; ru-im; i-guais.
2. a). Corrigindo a separação inadequada, deve-se escrever mi-lho, pneu-mo-ni-a, sig-ni-fi-ca-do, su-pers-ti-ção, sub-li-nha-do, su-bli-me.
3. b) A forma correta é at-mos-fe-ra, e-gíp-cio, dis-cí-pu-lo.
4. abs-ces-so, ap-ti-dão, fric-ção, ad-vo-ga-do, in-dig-na-ção, cai-as, du-e-lo, ó-dio, cru-éis, je-su-í-ta, e-qui-va-le, ja-mais.
5. d) A separação correta é dis-pep-si-a; gras-sar, mi-cro-bi-o-lo-gi-a.
6. a) Nas demais opções, há erro. A forma correta é em b) ab-rup-to; em c) ad-li-gar; em d) bi-sa-vô; em e) psi-co-lo-gi-a.
7. b) sub-ro-ga-ção, ab-rup-to. Os prefixos "sub-" e "ab-" (também o prefixo "ad-") não juntam sua consoante final à inicial da palavra primitiva, se ela for "b" ou "r".
8. c) (3), apenas. A forma correta em (1) de-sa-ten-to; e em (2) su-bes-ti-mar
9. Os prefixos terminados em -b separam-se da sílaba seguinte se essas começarem com l-, r- ou b-.
10. a) sub-che-fe; b) su-ben-ten-der; c) sub-li-mi-nar; d)sub-rep-tí-cio; e) sub-so-lo.

6. GÊNERO E NÚMERO DOS NOMES

1. (M) glaucoma; (M) jesuíta; (M) comportamento; (F) reflexão; (F) lenha; (F) moral; (O/A) colega; (M) telefonema; (F) trevas.
2. moral e lente. Exemplos: O moral do jogador foi prejudicado com aquela derrota.; A moral (=conclusão moral) da história precisa ser positiva. // Em filosofia, a "moral" diz respeito ao "conjunto de regras de conduta consideradas válidas..."; Mário tem de mudar as lentes dos seus óculos.; Mário é lente (professor) naquela faculdade.

3. a) A profetisa e a ermitã visitaram a czarina.; b) O língua e a caçadora caçaram a grua.; c) A moça encontrou muitas pigmeias nas terras do cura.; d) Infelizmente, há poucas senadoras impolutas nas terras da baronesa.; e) A sacerdotisa e a guria visitaram a freira e a anciã.
4. a) Os males dos países só se curam com ações honestas.; b) Os funis estavam nas tocas dos répteis.; c) Exija os trocos em suas transações comerciais, quando houver.; d) As crianças traziam seus troféus: as mãos cheias de tostõezinhos.; e) Aquelas florezinhas são dos pés de couves-flores?
5. a) O pseudoartista fez exame da mão.; b) O guarda-marinha foi punido pelo comandante.; c) Com o salário-família o corrupto comprou terreno.; d) O troca-tintas sujou o vestido azul-turquesa da menina.; e) O rapaz e a moça devem obedecer ao cânone religioso.
6. d) *troféus*.
7. e) testemunha – criatura – vigilância.
8. A alternativa correta é c) casas-grandes, amores-perfeitos. Corrigindo as demais: a) arco-íris é substantivo de dois números; b) mapas-múndi, bombas-relógio; d) guarda-chuvas, papéis-moedas; e) pombos-correio, porcos-espinhos.
9. a) "cobres" = dinheiro; b) "bens" = fortuna (em dinheiro ou em imóveis); c) "féria" = dinheiro auferido pelo trabalho de um dia; d) "óculo" = abertura circular, provida ou não de vidro; e) "cordas" = modernamente, "conjunto dos instrumentos de cordas friccionáveis".
10. a) O professor catalogou "algumas espécimens / especímenes raras" de planta.; b) O pedreiro quebrou "os corrimãos/ corrimões" da escada da casa "dos cortesãos".; c) "Os faróis iluminavam os répteis nos pauis."; d) Os jovens gostavam "dos refrãos / refrães" da música sacra.; e) A empresa contratou "analistas seniores" e "juniores".

7. PRONOMES

1. c) o pronome indefinido não se flexiona.
2. b) o pronome "algum", posposto ao substantivo, tem valor negativo.
3. b) o pronome indefinido "nada" já exprime negação.
4. (c) santidade; (e) magnificência; (d) eminência; (b) excelência; (a) senhoria.

5. d) Dr. Veloso, precisamos fazer uma reunião com o Dr. Alberto amanhã; conversei com a secretária dele e decidimos fazer a reunião nesta sala.
6. a) PA; b) A; c) A; d) A; e) PA.
7. a) não se usa "falar consigo" em referência à 2.ª pessoa.
8. c) "ninguém" leva o verbo para a 3.ª pessoa do singular.
9. b) Comprou bombons para mim. / Comprou bombons para eu comer.
10. b) não pode ser substituído por "isto", porque se refere a algo já mencionado.

8. CONJUGAÇÃO DE VERBOS

1. Eu pugno pelos meus direitos; Tu pugnas pelos teus direitos; Ele pugna pelos seus direitos; Nós pugnamos pelos nossos direitos; Vós pugnais pelos vossos direitos; Eles pugnam pelos seus direitos.
2. b) Quando você vier aqui / Quando você vir a peça de teatro.
3. a) Nós vimos aqui frequentemente / Esquecemo-nos de algo / Variamos de restaurante.
4. trouxeres, saberes.
5. c) intervim, interveio, intervieram.
6. a) vamos; b) for; c) formos; d) vá; e) ias.
7. a) vier; b) vimos; c) viemos; d) viria; e) virão.
8. a) Há (havia); b) houveram; c) haverão; d) houve (havia, há); e) havia.
9. d). A correlação correta é Se Leonardo quiser, a festa será um evento marcante na sua vida profissional.
10. A única correta é a frase c), as demais estão incorretas. As formas corretas seriam a) Se lhe agrada, pode...; b) Se eu pudesse, compraria; d) Quando chegou o inverno, os casacos já estavam...; e) Vamos pedir ao engenheiro que elabore...

9. EMPREGO DO MODO IMPERATIVO

1. a) Ouve; b) Vem; c) Trazei; d) Veja; e) Pedi.
2. a) creias; b) beba; c) fujamos; d) esqueçais; e) venham.
3. Não roubeis o sossego alheio.
4. Põe-no / ponha-o / ponhamo-lo / ponde-o / ponham-no sobre a mesa.

5. Não faça a outrem o que não quer que lhe façam.
6. b) e e) As demais formas deveriam ser: a) Sê coerente com teus propósitos; c)Ouve bons conselhos...; d) Traze o adoçante...
7. Cirze tu, cirza você, cirzamos nós, cerzi vós, cirzam vocês.
8. b) vai / medeia / despede.
9. a) e b) [c)Pede; d) Não fale; e) ouças]
10. a) [lêia / vê / tende / não venha]

10. CONCORDÂNCIA NOMINAL E VERBAL

1. a) O adjetivo anteposto a dois ou mais substantivos geralmente concorda com o mais próximo.
2. e) A forma correta é: E só então as moças disseram "obrigadas"!
3. b) "Anexo" é adjetivo e deve concordar com o substantivo que modifica.
4. c) A forma correta é: Todos os moradores ficaram alerta.
5. d) *Meio* como advérbio não se flexiona.
6. b) A forma correta é: Alugam-se muitas casas por ali.
7. a) Um e outro transeunte parava(m), para observar o espetáculo. b) Quais dentre nós teriam/teríamos a coragem de dizer-lhe tantas verdades? c) Qual de vós teria a coragem de dizer-lhe tantas verdades? d) Maria foi uma das que presenciaram / presenciou o acidente. e) Nenhum de nós teria a coragem de dizer-lhe tantas verdades.
8. a) A forma correta é: Mimos, elogios, festas, nada interessava mais à moça triste.
9. a) aguassem; b) Sede; c) deram; d) estivésseis; e) são.
10. b) Não se trata de voz passiva.

11. CONECTIVOS: CONJUNÇÃO, PREPOSIÇÃO E PRONOME RELATIVO

1. a) entrada + o teatro; b) colaborador + o jornal; c) Saí + o açodamento; d) caíram + susto; e) aplaudiu + entusiasmo.
2. a) contra; b) do; c) com; d) de; e) para.
3. a) causa; b) conformidade; c) comparação; d) causa; e) adição.
4. c) e e).
5. a) Enquanto; b) ao passo que; c) embora; d) Ao invés de; e) Em vez de.

6. a) Este é o nome do ator premiado de quem não consegui lembrar-me ontem.; b) O governo suspendeu a campanha contra a qual alguns setores da sociedade se voltaram.; c) Trabalho em uma universidade onde (ou *em que*) sempre há atividades culturais.; d) Tenho muitas amigas a quem sempre recorro.; e) Estas são as canções de cujos títulos nunca nos esquecemos.
7. a) pelo qual, por onde; b) onde, no qual; c) a que; d) de que; e) a que.
8. b) de cuja.
9. a) onde; b) de onde; c) aonde; d) onde; e) de onde.
10. c) a fim de que não incomodasse sua mãe.

12. REGÊNCIA NOMINAL E VERBAL

1. a) A reforma agrária implica mudança de mentalidade.
2. c) visou o; e) os jovens.
3. a) A gentileza do rapaz agradou <u>a elas</u>. b) Assisti <u>a ela</u> estarrecida. c) ...sempre aspirei <u>a ele</u>. d) Devemos obedecer-<u>lhes</u>. e) Viso <u>a ele</u>.
4. a) TDI; b) TD; c) TDI; d) TDI; e) TDI.
5. a) ...lembrava sua irmã...; b) ... esquecerá os crimes...; c) ... considerá-lo...; d) ... que ficassem quietos...; e) Prefiro ficar aqui sozinho a sair com...
6. c) e e). Em c), significa *inerente*; em e), significa *adequado*.
7. a) a; b) na; c) a; d) a; e) contra.
8. a) com as vítimas.; b) com sua cultura.; c) no Flamengo; d) com as faltas; e) a doces.
9. a) às; b) aos; c) à; d) a; e) à.
10. a) A secretária atendeu o(ao) telefone.

13. EMPREGO DO ACENTO INDICATIVO DA CRASE

1. a) à; b) às; c) àquele; d) às; e) àquela.
2. a) dirigiu a + aquela; b) Entregou a +a amiga; c) Fui a + a casa; d) Aludiu a + as verdadeiras vezes; e) Falava a + aquele.
3. a) às normas; b) às diretoras; c) à nova coordenadora; d) às professoras; e) à candidata.
4. a) à (resposta de).
5. a) à Itália; b) à   à; e) à.
6. b); d) e e)

7. b) ...à casa...; c) ...à casa...; e) ...às.
8. b)
9. a) à; d) à; e) às.
10. e).

14. ADEQUAÇÃO VOCABULAR

1. a) *comunicou*; b) *declarar*; c) *informar o paciente*; d) *noticiou*; e) *participar*.
2. a) conserto; b) celas; c) passos – paço; d) sessão; e) discrição.
3. a) *infligir;* b) *cerra*; c) *discriminá*-las; d) *delatou*; e) *absolvido*.
4. a) mandato; b) censo; d) ratificou; e) cumprimento.
5. a) Na ocasião de praticar um ato; b) Hora em que se descansa ou dorme após o almoço; c) atendeu; d) negócio ilícito; e) Aumento geral de preços com consequente perda do poder aquisitivo do dinheiro.
6. b) condenou a concentração da riqueza que ocorre em muitos países.
7. a) ritmado; b) ofegante; c) giratória; d) ágil; e) irrequieta.
8. a) insensatamente; b) cuidadosamente; c) paulatinamente; d) discretamente; e) irresponsavelmente.
9. a) esboçar; b) dar; c) delinear; d) abrir; e) sapecar.
10. a) preito; b) pleito; c) laço – lasso; d) estratos; e) extrato.

15. PONTUAÇÃO

1. a). [A vírgula, sinal de pontuação usado com frequência, não pode separar sujeito de predicado. Havendo intercalação entre o sujeito e o predicado, ela deve vir entre duas vírgulas.]
2. c). [Correção dos outros itens: a) Nos estudos linguísticos, pode ser apontado um conjunto de propriedades e funções da pontuação. (não se separa adjunto adnominal do nome); b) O ponto final é dos primeiros sinais de pontuação e marca limite da frase e abreviatura. (orações ligadas por "e", com o mesmo sujeito, não se separam por vírgula); d) Os sinais de pontuação usam-se para, na modalidade escrita, reproduzir recursos rítmicos e melódicos. (intercalações entre termos que se relacionam devem vir entre duas vírgulas); e) Sinais de pontuação que podem ter valor expressivo: hífen, aspas, parênteses, colchetes, travessão e barras. (numa sequência

em que o último termo vem precedido de "e", não se usa vírgula antes dessa conjunção, a menos que houvesse intenção de destacar o último termo).]
3. a). [No final da frase, desnecessário o ponto após o sinal de interrogação (o mesmo para a exclamação). Obs.: Nas duas últimas opções, a oração intercalada é subordinada adjetiva explicativa (= pode ser retirada do período, sem prejudicar o sentido da principal) e deve vir entre vírgulas: a (d) funciona como uma explicação do silêncio do tio; a (e) acrescenta apenas uma explicação desnecessária à compreensão da oração principal.]
4. e). [A intercalação feita entre colchetes não pertence aos versos de Camões; trata-se de uma INTERCALAÇÃO do autor da transcrição, a propósito dos males por que passa uma pessoa apaixonada. O verbo "explicar" usado na intercalação é "pegadinha": ele explica a compreensão do atributo "fero" / feroz; não o que diz o poeta. A transcrição completa: "Se dizem, fero Amor, que a sede tua nem com lágrimas tristes se mitiga, é porque tuas aras queres banhar em sangue humano." (Camões, canto III).]
5. a). ["os pobres desesperados" (aposto); Nas demais: b) "Senhor Deus" (vocativo); c) declamadores, grosseiros, cansativos, pesados, frívolos, chulos, triviais (todos os adjetivos estão na função de predicativo); d) "À noite, às vezes" (adjunto adverbial antecipado); e) oração coordenada unida pela conjunção "e", com sujeito diferente.]
6. c). ["Passando hoje pela porta do meu compadre José Amaro," é oração subordinada adverbial reduzida de gerúndio.]
7. a) "As nuvens, as folhas, os ventos não são deste mundo." [emprega-se a vírgula para separar elementos que exercem a mesma função sintática]; b) "Depois de algumas horas de sono, voltei ao colégio." [para isolar o adjunto adverbial antecipado]; c) "Vá aonde quiser; fique, porém, morando conosco." [em virtude da acentuada pausa existente entre as orações, podem elas ser separadas por ponto e vírgula; além disso, a conjunção adversativa "porém" deslocada vem entre vírgulas]; d) "Eu lhe responderia: a vida é ilusão..." [uma citação depois do verbo responder]; e) "Quem chegou?" "Diga-me quem chegou." [na interrogação direta, emprega-se o ponto de interrogação, na indireta, não.]

8. a), a vírgula separa adjunto adverbial de lugar "no rosto" e adjuntos adnominais do substantivo *presença*. [Em b), a vírgula separa oração adverbial antecipada; em c), separa o vocativo; em d) e em e), o aposto.]
9. b), em que os sujeitos são diferentes: o da primeira oração é *ela* e o da segunda é *seus filhos*. Nos demais exemplos, os sujeitos das orações são os mesmos.
10. Em a), b) e c), as vírgulas devem ser empregadas para separar as orações subordinadas adverbiais de suas principais. Se ninguém fizer reclamações, (O.S.) você terá um aumento de salário. Quando entrou no estabelecimento, (O.S.) viu que os móveis estavam quebrados. Logo que chegar ao escritório, (O.S.) faça a exposição de motivos.

ÍNDICE REMISSIVO

A

abaixo-assinado ou *abaixo assinado*? 222
abaixo-assinados ou *abaixos-assinados*? 93
abaixo ou *a baixo*? 222
abalizado ou *abalisado*? 20
ab-di-car ou *a-bdi-car*? 81
abjurar ou *ab-jurar*? 59
aborígine ou *aborígene*? 20
abotoam ou *abutuam*? 117
abraçar (alguém) ou *abraçar-se a (alguém)*? 185
ab-rup-ta-men-te ou *a-brup-ta-mente*? 81
absolver ou *absorver*? 222
abulo (do v. *abolir*), existe tal forma? 117
abutuam ou *abotoam*? 117
a cal ou *o cal*? 88
a casa ou *à casa*? 211
acender ou *ascender*? 224
acento ou *assento*? 222
acerca de, há cerca de, a cerca de? 223
acidente ou *incidente*? 223
a cores ou *em cores*? 173
acróbata ou *acrobata*? 35
adequa ou *adéqua*? 117
à distância ou *a distância*? 211
a-do-les-cen-te ou *a-do-le-scen-te*? 81
a domicílio ou *em domicílio*? 174
ad-ro-gar ou *a-dro-gar*? 81
ad-vo-ga-do ou *a-dvo-ga-do*? 82
a esta ou *à esta*? 212
aferir ou *auferir*? 223
a fim de ou *afim de*? 20
agradar a (alguém) ou *agradar (alguém)*? 186
agradecer a (alguém) ou *agradecer (alguém)*? 186
água de coco ou *água-de-coco*? 60
águam ou *aguam*? 35
a guaraná ou *o guaraná* 89
a hepatite ou *o hepatite*? 89
à janela ou *na janela*? 170
alerta: flexiona-se ou não? 144
*aliás (*aposto explicativo*),* usa-se com vírgula? 250
alisar ou *alizar*? 224
alocução ou *breve alocução*? 20
alto-falante ou *auto-falante*? 20
a maioria de + palavra no plural, verbo no singular ou no plural? 152
amá-lo ou *amar-lhe*? 186
amar (alguém) ou *amar a (alguém)*? 186
amazonense ou *Amazonense*? 73

à medida que ou *na medida em que?* 166
à mesa ou *na mesa?* 170
à milanesa ou *a milanesa?* 212
à minha ou *a minha?* 212
anais ou *anal?* 224
anexo: flexiona-se ou não? 144
ansiar por ou *querer?* 240
ansioso para ou *ansioso por?* 200
Antártida ou *Antártica?* 21
antes de ele + verbo no infinitivo ou *antes dele* + verbo no infinitivo? 171
antes de etc., usa-se ou não a vírgula? 255
anti-higiênico ou *antiigiênico?* 60
anti-inflamatório ou *antiinflamatório?* 60
ao encontro de ou *de encontro a?* 171
ao invés de ou *em vez de?* 171
aonde ou *onde?* 179
ao nível de ou *em nível de?* 172
à ou *a* + nomes próprios personativos femininos? 211
a ou *há?* 234
apagar ou *deletar?* 230
a par de ou *ao par de?* 172
a partir de ou *à partir de?* 212
a partir de ou *com base em?* 228
a personagem ou *o personagem?* 89
apoio ou *apóio?* 35
a prazo ou *à prazo?* 212

à prestação ou *a prestação?* 213
a princípio ou *em princípio?* 174
aquele, usa-se quando? 106
a quem ou *à quem?* 213
aquém-pirineus ou *aquém pirineus?* 60
argui ou *argúi?* 35
arquétipo ou *arquetipo?* 36
arteriosclerose ou *arterisclerose* ou *arterosclerose?* 21
às 6 horas ou *as 6 horas?* 213
a saber (aposto explicativo), usa-se com vírgula? 250
ascender ou *acender?* 224
as ou *ás?* 36
aspirar a (alguma coisa) ou *aspirar (alguma coisa)?* 187
assembleia ou *assembléia?* 37
assento ou *acento?* 222
assistir a ou *assistir?* 187
assoam ou *assuam?* 117
asterisco ou *asterístico?* 21
até à ou *até a?* 214
atender o (telefone) ou *atender ao (telefone)?* 188
atento a ou *atento em?* 200
a terra ou *à terra?* 214
atingir (alguma coisa) ou *atingir a (alguma coisa)?* 188
à toa ou *a toa?* 224
atual ou *moderno?* 238
auferir ou *aferir?* 223
a uma ou *à uma?* 214
auscultar ou *oscultar?* 21
autocrítica ou *auto-crítica?* 60
auto-falante ou *alto-falante?* 20
avaro ou *ávaro?* 37

Avenida Rio Branco ou *avenida Rio Branco?* 73
a-ve-ri-gueis ou *a-ve-ri-gu-eis?* 82
aversão a ou *aversão por?* 200
avisar (alguma coisa a alguém) ou *avisar (alguém de alguma coisa)?* 188
a vossa excelência ou *à vossa excelência?* 215

B

babador ou *babadouro?* 21
bano (do v. banir), existe tal forma? 117
barriguilha ou *braguilha?* 22
basculante ou *vasculante?* 21
bastante: flexiona-se ou não? 144
bateram ou *bateu* 10 *horas?* 152
bebedouro ou *bebedor?* 225
bel-prazer ou *belprazer?* 61
bem-humorado ou *bem humorado?* 61
bem-te-vi ou *bem te vi?* 61
bem-vindo ou *benvindo?* 21
beneficente ou *beneficiente?* 22
bíceps ou *biceps?* 37
bimestral ou *bimensal?* 225
bom-dia ou *bom dia?* 61
bota-fora ou *botas-fora?* 93
braguilha ou *barriguilha?* 22
breve alocução ou *alocução?* 20
brócolos ou *brócolis?* 22

C

cabeleireiro ou *cabelereiro?* 22
cabeu ou *coube?* 118
cabo ou *caibo?* 118
caçar ou *cassar?* 225
caibo ou *cabo?* 118
câimbra ou *cãibra?* 22
cajá-mirim ou *cajamirim?* 61
cal: a cal ou *o cal?* 88
caminhoneiro ou *camioneiro?* 22
-ção, -são, -ssão? 16
cáqui ou *caqui?* 37
cara a cara ou *cara à cara?* 215
caracteres ou *caráteres?* 93
caramanchão ou *carramanchão?* 22
ca-ri-nho ou *ca-rin-ho?* 82
Carnaval ou *carnaval?* 74
cassar ou *caçar?* 225
cavaleiro ou *cavalheiro?* 226
cela ou *sela?* 226
censo ou *senso?* 226
Centenário de Morte de Euclides da Cunha ou *centenário de morte de Euclides da Cunha?* 74
cerrar ou *serrar?* 227
cerze (do v. cerzir) ou cirze? 118
cerzir ou *cirzir?* 22
cesariana ou *cesareana?* 23
cessão, sessão ou *seção?* 227
cesta ou *sexta?* 227
ch ou *x?* 118
charlatã ou *charlatona?* 88

chegar a (algum lugar) ou *chegar em (algum lugar)?* 189
Ciência Política ou *ciência política?* 75
circum-navegar ou *circunavegar?* 61
cirze (do v. *cerzir*) ou *cerze?* 118
cirze ou *cirza?* 135
cirzir ou *cerzir?* 22
claraboia ou *clarabóia?* 37
coco, côco ou *cocô?* 37
coerdeiro ou *co-herdeiro?* 61
colateral ou *co-lateral?* 62
coloro (do v. *colorir*), existe tal forma? 117
com a conjunção *e,* usa-se ou não a vírgula? 252
com a conjunção *mas,* usa-se ou não a vírgula? 254
com as conjunções *pois* e *porém,* usa-se ou não a vírgula? 253
com base em ou *a partir de?* 228
com, em sujeito composto: verbo no singular ou no plural? 152
com expressões explicativas ou de retificação (aposto explicativo, expressões do tipo *isto é, aliás, a saber,* ou *seja*), usa-se ou não a vírgula? 250
como equivale *a porque* ou *a conforme?* 167
com nós ou *conosco?* 101

com nós dois ou *conosco?* 173
com o pronome relativo *que,* usa-se ou não a vírgula? 253
companhia ou *compania?* 23
comprimento ou *cumprimento?* 228
com tudo ou *contudo?* 167
comum a ou *comum com?* 200
comunicar (alguma coisa a alguém) ou *comunicar (alguém de alguma coisa)?* 189
concerto ou *conserto?* 228
conforme a ou *conforme com?* 201
conforme: flexiona-se ou não? 145
conosco ou *com nós?* 101
conosco ou *com nós dois?* 173
conserto ou *concerto?* 228
considerá-lo ou *considerar-lhe?* 190
consigo ou *contigo?* 101
conta-gotas ou *conta gotas?* 62
contente com, contente de, contente em ou *contente por?* 201
contigo ou *consigo?* 101
contraindicação ou *contra-indicação?* 62
contudo ou *com tudo?* 167
convidá-lo ou *convidar-lhe?* 190
coo ou *côo?* 38
coradouro ou *corador?* 228
Coroa ou *coroa?* 74
corres-corres ou *corre-corres* 93
correspondência, usa-se a vírgula ao término de? 255

corrimãos ou *corrimões?* 91
cortesia ou *cortezia?* 23
coser ou *cozer?* 229
cota ou *quota?* 23
cotidiano ou *quotidiano?* 24
coube ou *cabeu?* 118
couves-flores ou *couves-flor?* 94
cozer ou *coser?* 229
cruel com ou *cruel para com?* 201
cujo ou *cujo o?* 178
cujo ou *do qual* para expressar posse? 179
cujo ou *que* para expressar posse? 179
Cupido ou *cupido?* 74
cumprimento ou *comprimento?* 228

D

da ou *dá?* 38
daqui à escola ou *daqui a escola?* 215
dar ou *der?* 119
data, para separar da localidade em documentos, usa-se vírgula? 252
debaixo ou *de baixo?* 229
de encontro a ou *ao encontro de?* 171
deferir ou *diferir?* 229
delatar ou *dilatar?* 229
dele/dela ou *seu/sua?* 107
deletar ou *apagar?* 230

demais ou *de mais?* 230
de ou *dê?* 38
de repente ou *derrepente?* 24
der ou *dar?* 118
descarrilar ou *descarrilhar?* 24
descrição ou *discrição?* 230
descriminar ou *discriminar?* 231
despeça-se ou *despida-se?* 136
despeço ou *despido?* 119
despensa ou *dispensa?* 231
despida-se ou *despeça-se?* 136
destratar ou *distratar?* 231
devoção a, devoção para com ou *devoção por?* 201
diferir ou *deferir?* 229
digno-me ou *diguino-me?* 120
dilatar ou *delatar?* 229
discrição ou *descrição?* 230
discriminar ou *descriminar?* 231
dispensa ou *despensa?* 231
distratar ou *destratar?* 231
do qual ou *cujo* para expressar posse? 179
dormir ao volante ou *dormir no volante?* 191
dupla ou *dupla de dois?* 232
dúvida sobre, em ou *acerca de?* 202

E

e (conjunção), usa-se vírgula antes? 252

Econômico-financeira ou *econômica-financeira*? 89
elementos coordenados, pode-se separar com vírgula? 249
el-rei ou *el rei*? 62
embaixo ou *em baixo*? 24
embora, pode-se usar *posto que* com esse significado? 169
em cima de ou *encima de*? 24
em cores ou *a cores*? 173
em domicílio ou *a domicílio*? 174
emigrantes ou *imigrantes*? 234
eminente ou *iminente*? 234
em nível de ou *ao nível*? 172
empecilho ou *impecilho*? 24
empenho de, em ou *por*? 202
em princípio ou *a princípio*? 174
em que (no qual) *ou onde*? 180
em término de correspondência, usa-se vírgula? 255
em vez de ou *ao invés de*? 171
encapuzado ou *encapuçado*? 25
enchaqueca ou *enxaqueca*? 25
encima ou *em cima*? 20
encontrar (alguém) ou *encontrar-se com (alguém)*? 191
enquanto indica simultaneidade ou contraste com simultaneidade? 167
entrada em e saída de ou *entrada e saída de*? 174
entre mim e você ou *entre eu e você*? 175
enxaqueca ou *enchaqueca*? 25

e ou *i*? 19
é ou *sê tu* (imper. de v. *ser*)? 138
e-qua-cio-nar ou *e-qu-a-ci-o-nar*? 82
é que: o verbo flexiona-se ou não? 153
erva-doce ou *erva doce*? 62
espiar ou *expiar*? 232
espontaneidade ou *espontaniedade*? 25
esquecer (alguma coisa) ou *esquecer de (alguma coisa)*? 191
esse ou *este*? 106
estada ou *estadia*? 232
Estados Unidos: verbo no singular ou no plural? 153
este ou *esse*? 106
estupro ou *estrupo*? 25
etc., usa-se a vírgula antes? 255
eventual ou *possível*? 240
ex-cep-cio-nal ou *ex-cep-ci-o-nal*? 82
excomungar ou *ex-comungar*? 62
executar tarefa ou *executar exercício*? 233
exército ou *exercito*? 39
expiar ou *espiar*? 232
explodido (do v. *explodir*), existe tal forma? 117
ex-presidente ou *expresidente*? 62
expressões de retificação, usa-se com vírgula? 250
expressão explicativas usa-se com vírgula? 250

F

fax ou *faxes*? 91
faz ou *fazem* em expressões de tempo? 154
feliz com, de, em ou *por*? 202
ferros-velhos ou *ferro-velhos*? 94
ficar ao sol ou *ficar no sol*? 191
fizesse ou *fisesse*? 25
flagrante ou *fragrante*? 233
florezinhas ou *florzinhas*? 94
formas de chamamento (vocativo), podem-se destacar com vírgula? 250
fragante ou *flagrante*? 233
franco com, de, em ou *sobre*? 202
freamos ou *freiamos*? 120

G

geminada ou *germinada*? 233
General ou *general*? 75
ginecologista ou *ginicologista* ou *genicologista*? 26
gno-se ou *g-no-se*? 82
g ou *j*? 18
gozo ou *goso*? 25
Grã Bretanha ou *Grã Bretanha* 63
gramas: quinhentos ou *quinhentas*? 145
gratuito ou *gratuíto*? 39
guaraná: o guaraná ou *a guaraná*? 89

guarda-roupas ou *guardas-roupas*? 94
guisado ou *guizado*? 26

H

há cerca de, acerca de ou *a cerca de*? 223
há de haver ou *hão de haver*? 154
há ou *a*? 234
havia ou *haviam* + substantivo plural? 154
hepatite: a hepatite ou *o hepatite*? 89
hieroglifo ou *hieróglifo*? 39
hífen ou *hifen*? 39
hiper-requintado ou *hiperrenquintado*? 63
hostil a, contra ou *para com*? 203
humidade ou *umidade*? 28
humilde ou *umilde*? 26

I

ibero ou *íbero*? 39
i-dei-a ou *i-de-ia*? 82
ides (do v. *ir*) ou *vades*? 120
imigrante ou *emigrante*? 234
iminente ou *eminente*? 234
impecilho ou *empecilho*? 24
implicar (alguma coisa) ou *implicar em (alguma coisa)*? 192
importuno ou *inoportuno*? 235

impotente contra, diante de ou *para?* 203
inaudito ou *ináudito?* 39
incapaz de ou *para?* 203
incidente ou *acidente?* 223
indispensável a, em ou *para?* 203
infarto ou *infarte?* 26
inflação ou *infração?* 235
infligir ou *infringir?* 235
informações: mais ou *maiores?* 236
informatizar ou *informatisar?* 26
infração ou *inflação?* 235
infravermelho ou *infra-vermelho?* 63
infringir ou *inflingir?* 235
inoportuno ou *importuno?* 235
intemerato ou *intimorato?* 235
intermedeiam ou *intermediam?* 121
in-ters-tí-cio ou *in-ters-tí-ci-o?* 83
interveio ou *interviu?* 121
intimorato ou *intemerato?* 235
intolerância com ou *para com?* 203
intolerante a, com ou *para com?* 203
i ou *e?* 19
irascível ou *irrascível?* 26
isto é (aposto explicativo), usa-se com vírgula? 250

J

Janeiro ou *janeiro?* 74
janela: à janela ou *na janela?* 170
jogos (ó, som aberto) ou *jogos (ô, som fechado)?* 94
j ou *g?* 18
jóquei ou *joquei?* 40
juiz ou *juíz?* 40
junto a ou *junto de?* 175
junto: flexiona-se ou não? 145
júri ou *jure?* 40

L

lazer ou *laser?* 27
leiamos ou *leamos?* 121
Lei de Diretrizes e Bases da Educação Nacional ou *lei de diretrizes e bases da educação nacional?* 75
lhe ou *o?* 102
lhe ou *seu/sua?* 102
localidade, para separar de data em documentos, usa-se vírgula? 252
luta com, contra, entre, para ou *por?* 204

M

Ma-cei-ó ou *Ma-ce-ió?* 83
maiores informações ou *mais informações?* 236
mais de um: verbo no singular ou no plural? 155
mais informações ou *maiores informações?* 236

mal-amado ou *malamado*? 63
malfeitor ou *mau feitor*? 236
malgrado ou *maugrado*? 237
malnascido ou *mal-nascido*? 63
mal ou *mau*? 236
mandou (ou viu) + os + infinitivo: singular ou plural do infinitivo? 155
manteve ou *manteu*? 122
mantiver ou *manter*? 122
más, mais ou *mas*? 237
más ou *mas*? 40
mas ou *mas porém*? 168
mas, usa-se com vírgula antes ou depois? 254
mau feitor ou *malfeitor*? 236
mau grado ou *malgrado*? 237
mau ou *mal*? 236
meio: flexiona-se ou não? 146
melhor: flexiona-se ou não? 146
menos: flexiona-se ou não? 146
menos ou *menas*? 110
mesa: *à mesa* ou *na mesa*? 170
mesinha ou *mezinha*? 238
mesmo: flexiona-se ou não? 146
meu ou *o meu? Teu* ou *teu*? 107
mezinha ou *mesinha*? 238
micro-ondas ou *microondas*? 63
milhares: os milhares ou *as milhares*? 147
minissérie ou *mini-série*? 64
moderno ou *atual*? 238
morar na (rua X) ou *morar à (rua X)*? 192
muito: flexiona-se ou não? 147

N

na janela ou *à janela*? 170
na medida em que ou *à medida que*? 166
na mesa ou *à mesa*? 170
namorar (alguém) ou *namorar com (alguém)*? 192
não… mas também ou *não só… mas também*? 168
(não) dá você ou *(não) dê você*? 135
não fez qualquer pergunta ou *não fez nenhuma pergunta*? 110
(não) ponhas ou *(não) pões*? 136
(não) saias ou *(não) sai*? 138
não só…mas também ou *não… mas também*? 168
(não) vás ou *(não) vais tu*? 139
(não) veja ou *(não) vê*? 139
nas-cer ou *na-scer*? 83
nem ligando elementos do sujeito composto: verbo no singular ou no plural? 156
nem um nem outro; um ou *outro*: verbo no singular ou no plural? 156
ninguém + verbo ou *ninguém + não + verbo*? 110
nobel ou *nóbel*? 41
nobre de, em ou *por*? 204
no entanto ou *no entretanto*? 169

nosso ou *o nosso?* 107
numeral fracionário: verbo no singular ou no plural? 156
número percentual (%): verbo no singular ou no plural? 157
ou seja (oposto explicativo), usa-se a vírgula? 250
o teu ou *teu?* 107
outrem ou *outro?* 110
ovos estrelados ou *ovos estalados?* 239

O

obedecer a (alguém), obedecer a (alguma coisa) ou *obedecer (alguém), obedecer (alguma coisa)?* 193
obrigado: flexiona-se ou não? 148
Ocidente ou *ocidente?* 74
oferenda ou *oferta?* 238
o guaraná ou *a guaraná?* 89
o hepatite ou *a hepatite?* 89
o mais possível ou *os mais possíveis?* 147
ômega ou *omega?* 41
o meu ou *meu?* 107
onde ou *aonde?* 179
onde ou *em que (no qual)?* 180
o nosso ou *nosso?* 107
o ou *lhe?* 102
o personagem ou *a personagem?* 89
órfã ou *orfã?* 41
o seu ou *seu?* 107
oscultar ou *auscultar?* 21
os vários ou *vários?* 111
osteoporose ou *ostoporose?* 27

P

pagar a (alguém) ou *pagar (alguém)?* 193
Papai Noel ou *papai Noel?* 74
papais-noéis ou *papais-noel?* 95
para assinalar *adjunto adverbial deslocado de seu lugar natural*, usa-se vírgula ou não? 251
para ou *pára?* 41
para eu ou *para mim?* 102
para indicar *omissão de palavras*, usa-se vírgula ou não? 252
para mim ou *para eu?* 102
parabéns ou *parabens?* 41
paraquedas ou *pára-quedas?* 64
para separar *a data da localidade*, em documentos, usa-se vírgula ou não? 252
para separar *orações coordenadas*, usa-se vírgula ou não? 251
para separar *orações subordinadas adverbiais*, usa-se vírgula ou não? 251

parecido a ou *com*? 204
parêntese ou *parêntesis*? 27
parti vós ou *parte vós*? 136
pedir ou *pedir para*? 194
pegado ou *pego*? 122
pelo, *pélo* ou *pêlo*? 41
perceber ou *realizar*? 239
percentagem ou *porcentagem*? 27
personagem: o personagem ou *a personagem*? 89
pés de moleque ou *pés de moleques*? 95
pisar algo ou *pisar em algo*? 194
pneu-mo-lo-gi-a ou *p-neu-mo-lo-gi-a*? 83
pode ou *pôde*? 42
podem-se destacar as formas de chamamento (vocativos) com vírgula? 250
podem-se separar elementos coordenados com vírgula? 249
pode-se separar o sujeito do verbo com vírgula? 249
pois (conjunção), usa-se com vírgula? 253
pois emprega-se no início ou no meio da oração? 169
político-sociais ou *políticos--sociais*? 95
polo, *pólo* ou *pôlo*? 42
por ou *pôr*? 43
porcentagem ou *percentagem*? 27
pôr do sol ou *pores do sol*? 95
porém (conjunção), usa-se com vírgula? 253

pores do sol ou *pôr do sol*? 95
por isso ou *porisso*? 27
porque, por que, porquê ou *por quê*? 239
pôr (quando/se eu...) ou *puser*? 123
por sobre ou *sobre*? 176
português ou *portugues*? 43
pós-graduação ou *posgraduação*? 64
possível: o mais possível ou *os mais possíveis*? 147
possível ou *eventual*? 240
possui ou *possue*? 27, 122
postônico ou *pós-tônico*? 64
posto que equivale a embora ou *a uma vez que*? 169
poupar (alguém de alguma coisa) ou *poupar (alguma coisa a alguém)*? 194
precavo ou *precavenho*? 123
precisa-se de ou *precisam-se de* + substantivo plural? 157
preferir (alguma coisa a outra) ou *preferir mais (alguma coisa do que outra)*? 195
preferível (alguma coisa a outra) ou *preferível mais (alguma coisa do que outra)*? 205
prejudicar (alguém) ou *prejudicar a (alguém)*? 195
presidente ou *presidenta*? 89
preveni-lo ou *prevenir-lhe*? 195
previsão de que ... ou *... que*? 205
Prezado Senhor ou *prezado senhor*? 75

proceder a (alguma coisa) ou *proceder (alguma coisa)?* 196
procurar alguém ou *procurar por alguém?* 196
próprio a, de ou *para?* 205
próprio: flexiona-se ou não? 148
protótipo ou *prototipo?* 43
provede vós ou *provei vós?* 136
pseudo: flexiona-se ou não? 144
psi-co-lo-gi-a ou *p-si-co-lo-gi-a?* 83
pudico ou *púdico?* 43
pulôveres ou *pulôvers?* 91
pusera ou *puzera?* 28
puser (quando/ se eu...) ou *pôr?* 123
puxar a (alguém) ou *puxar (alguém)?* 196

Q

quais de nós: verbo no singular ou no plural? 158
qual de nós: verbo no singular ou no plural? 158
queira ou *quer (você) fazer-me um favor?* 137
quem (pronome relativo) como sujeito: verbo no singular ou no plural? 159
que ou *cujo* para expressar posse? 179
que ou *quê?* 43
que ou *quem?* 180
que (pronome relativo) como sujeito: verbo no singular ou no plural? 158
que (pronome ralativo), usa-se a vírgula? 253
quem ou *que?* 180
quer ou *queira (você) fazer-me um favor?* 137
querer a (alguém) ou *querer (alguém)?* 197
querer ou *ansiar por?* 240
querido de ou *por?* 205
quintas-feiras ou *quintas-feira?* 96
quis ou *quiz?* 28
quite: flexiona-se ou não? 149
quota ou *cota?* 23
quotidiano ou *cotidiano?* 24

R

ratificar ou *retificar?* 241
realizar ou *perceber?* 239
reaveu (do v. *reaver*) ou *reouve?* 124
reclamação contra ou *de?* 206
recorrer da (sentença) ou *recorrer (a sentença)?* 197
reouve (do v. *reaver*) ou *reaveu?* 123
répteis ou *reptis?* 92
requeiro ou *requero?* 123
residente em ou *a?* 206
responder a (carta, pergunta) ou *responder (carta, pergunta)?* 198
retificar ou *ratificar?* 241

revérbero ou *reverbero*? 44
rico em ou *de*? 206
rides ou *ris*? 124
ri tu ou *rias tu*? 138
ris ou *rides*? 124
roubou ou *robou*? 124
rubrica ou *rúbrica*? 44
ru-im ou *ruim*? 83
ruim ou *rúim*? 44

S

sábia, sabia ou *sabiá*? 44
saia ou *saía*? 45
salários-família ou *salários-famílias*? 96
saúde ou *saude*? 45
seção, sessão ou *cessão*? 227
secretária ou *secretaria*? 45
seja ... seja ou *seja ... ou*? 170
sela ou *cela*? 226
semivogal ou *semi-vogal*? 64
senão ou *se não*? 241
Senhora ou *senhora*? 75
senso ou *censo*? 226
sentar à (mesa) ou *sentar na (mesa)*? 198
separar a data da localidade em documento, usa-se vírgula? 252
separar com vírgula elementos coordenados, pode-se? 249
separar orações coordenadas, usa-se vírgula? 251
separar orações subordinadas adverbiais, usa-se vírgula? 251
separar o sujeito do verbo com vírgula, pode-se? 249
série ou *serie*? 46
sé-rie ou *sé-ri-e*? 83
ser necessário: necessário flexiona-se ou não? 147
*ser (*usa-se no singular ou no plural*)*? 159
ser proibido: flexiona-se ou não? 148
serrar ou *cerrar*? 227
servir (alguém) ou *servir a (alguém)*? 198
sessão, seção ou *cessão*? 227
sê ou *é tu (*imper. do v. *ser)*? 138
seu ou *dele*? 107
seu ou *o seu*? 107
seu/sua ou *lhe*? 102
sexta ou *cesta*? 227
situado em ou *a*? 206
soar ou *suar*? 241
sob ou *sobre*? 175
sobre ou *por sobre*? 176
só: flexiona-se ou não? 149
s ou *z*? 14
suar ou *soar*? 241
sub-li-nhar ou *su bli nhar*? 84
subsolo ou *sub-solo*? 65
sujeito composto resumido por *tudo:* verbo no singular ou no plural? 160
sujeito composto tomado como um todo indivisível: verbo

no singular ou no plural? 160
sujeito, separar do verbo com vírgula, pode-se? 249
Sul ou *sul*? 75
super-homem ou *superhomem*? 65
supora (do v. *supor*) ou *supusera*? 125
suprassumo ou *supra-sumo*? 65
supusera (do v. *supor*) ou *supora*? 125

T

tão pouco, tão-pouco ou *tampouco*? 242
tem ou *têm*? 46
teu ou *o teu*? 107
tinha trazido ou *tinha trago*? 125
todo: flexiona-se ou não? 149
todo ou *todo o*? 110
Todos-os-Santos ou *Todos os Santos*? 65
tráfego ou *tráfico*? 242
traga tu ou *traz tu*? 138
tran-sa-tlân-ti-co ou *trans-a-tlân-ti-co*? 84
traz ou *trás*? 242
traz tu ou *traga tu*? 138
trazer: part. pass., *tinha trazido* ou *tinha trago*? 125
trouxer (se eu...) ou *trazer*? 126

tudo resumindo sujeito composto: verbo no singular ou no plural? 160

U

ultraleve ou *ultra-leve*? 65
ultrassonografia ou *ultra--sonografia*? 66
um(a) dos(das) que: verbo no singular ou no plural? 161
uma vez que, pode-se usar *posto que* com esse significado? 169
um e outro: verbo no singular ou no plural? 160
umidade ou *humidade*? 28
umilde ou *humilde*? 26
ureter ou *uréter*? 47

V

vades (do v. *ir*) ou *ides*? 120
varia ou *vareia*? 126
vários ou *os vários*? 111
vasculante ou *basculante*? 21
veem ou *vêm*? 127
vem cá ou *venha cá*? 139
vem, vêm ou *veem*? 47
vendem-se ou *vende-se*? 161
venha cá ou *vem cá*? 139
ver ou *vir*? *128*
viagem ou *viajem*? 242

viemos ou *vimos*? 128
vier ou *vir*? 129
vigendo ou *vigindo*? 128
viger ou *vigir*? 243
vimos ou *vemos*? 128
vimos ou *viemos*? 127
vir ou *ver*? 128
vir ou *vier*? 129
vírgula para destacar formas de chamamento, usa-se? 250
vírgula pode separar elementos coordenados? 249
vírgula pode separar o sujeito do verbo? 249
vírgula, usa-se antes da conjuncão *e*? 252
vírgula, usa-se antes de *etc.*? 255
vírgula, usa-se antes do pronome relativo *quê*? 253
vírgula, usa-se com aposto explicativo (*isto é, aliás, a saber, ou seja*)? 250
vírgula, usa-se com as conjunções *pois* e *porém*? 253
vírgula, usa-se com *mas*? 254
vírgula, usa-se para assinalar adjunto adverbial deslocado de seu lugar natural? 251
vírgula, usa-se para indicar omissão de palavras? 252
vírgula, usa-se para separar data de localidade, em documentos? 252
vírgula, usa-se para separar orações coordenadas?
vírgula, usa-se para separar orações subordinadas adverbiais? 251
visar a (alguma coisa) ou *visar (alguma coisa)*? 199
visitá-lo ou *visitar-lhe*? 200
vizinho de ou *a*? 206
vocativo, pode-se destacar com vírgula? 250
vou resolver ou *vou estar resolvendo*? 129
vultoso ou *vultuoso*? 243

X

xérox ou *xerox*? 47
x ou *ch*? 17

Z

Z ou *S*? 14

Editor
Paulo Geiger

Produção
Sonia Hey

Projeto gráfico, diagramação e capa
Filigrana Design

Este livro foi impresso no Rio Grande do Sul, em fevereiro de 2020, pela Edelbra Gráfica e Editora para a Lexikon Editora.
A fonte usada no miolo é a Charter, em corpo 10.
O papel do miolo é offset 63g/m² e o da capa é cartão 250g/m².